당신의
연애는
안   전
한 가 요

당신의 연애는 안전한가요

1판 1쇄 발행 2021년 5월 13일
1판 2쇄 발행 2022년 5월 17일

지은이   연아
펴낸이   윤정은
펴낸곳   미디어 일다
편집   박은경 윤정은
디자인   허미경

등록   2003년 1월 24일(312-2003-075)
주소   서울시 마포구 와우산로 37길 48(동교동) 203호
전화   02-362-2034
팩스   02-362-2035
홈페이지   www.ildaro.com
이메일   ilda@ildaro.com

ISBN   979-11-89063-04-7

※ 책 값은 뒤표지에 있습니다.
※ 잘못 만들어진 책은 구입하신 서점에서 교환해 드립니다..

당신의 연애는
안전한가요

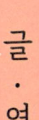

글·연아

이드미
미디어 일다

프롤로그

당신만
겪은 일이
아니다

왜 나에게 이런 일이 일어났을까? 이 고통에서 벗어나려면 어떻게 해야 할까? 나는 알고 싶었다. 평생 트라우마에 시달리게 될까 봐 두려웠다. 자책과 우울의 늪에서 빠져나오고 싶었다. 시도 때도 없이 찾아오는 온갖 질문과 고민 속에서 그 답을 찾기 위해 매달렸다. 데이트폭력을 다룬 책과 자료를 찾아 읽었다. 여성폭력 피해자를 지원하는 여성단체에 상담을 신청하고 방문했다. 정신건강의학과에 연계되어 상담 치료도 받았다.

여섯 번째 상담을 받으면서 내 경험을 글로 써야겠다고 생각했다. 마음을 추스르는 데 가장 도움이 되었던 건 나와 같은 피해자의 목소리였다. 그들의 이야기를 듣는 것만으로도 위로를 받았다. 나 또한 나와 같은 고통에 시달린 이들을 위해 목소리를 내고 싶었다. 당신은 혼자가 아니라고, 당신만 겪은 일이 아니며 결코 당신의 탓이 아니라고.

데이트폭력이 만연하다지만, 피해자의 목소리는 듣기 쉽지 않다. 목소리를 내는 일이 드물기 때문이다. 왜일까? 과거의 괴로운 기억을 다시 떠올리고 싶지 않아서일 수도 있겠지만, 다른 사람들의 편협한 시선을 감당하고 싶지 않다는 이유가 더 크지 않을까. 많은 이들이 데이트폭력 피해자는 이러이러하리라고 마음대로 재단한다. '끼리끼리 만나기 마련 아니겠냐', '피해자도 문제가 있지 않았겠냐'고 수군댄다. '왜 진작 헤어지지 않았느냐'며, 마치 피해자가 피해를 자초했다는 식으로 묻기도 한다. 피해자들은 입을 다문다.

나 또한 데이트폭력이 내 개인의 문제라고 생각했다. 내가 멍청했다고, 초기에 단호하게 끊어내지 못한 것이 잘못이었다고 스스로에게서 피해의 원인을 찾고 자책했다.

'널 너무 좋아하나 보다.'
'원래 남자들은 화나면 좀 폭력적으로 변하더라.'
'그 여자도 애정 결핍 같은 거 있던 것 아니야?'

사람들은 흔히 연인의 통제나 집착을 '질투'나 '사랑'으로 포장하며 자연스럽게 여긴다. 심하게 다투는 남녀를 봐도 연인 사이에 '그럴 수도 있다'고, '저러다 곧 화해하겠지' 하고 생각한다. 애정이 있으니까 싸우기도 한다면서 사랑하는 사이라면 어느 정도의 싸움은 피할 수 없다도 말한다. 또는 '손바닥도 마주쳐야 소리가 난다'라며 피해자를 의심한다. 여성이 남성을 답답하게 만들었거나 오해하도록 처신을 잘못했을 것이라고 예단하며, 여성이 크든 작든 구실을 줬으리라고 짐작한다.

그도 나도 이러한 사회적 통념으로부터 자유롭지 못했다. 그는 '연인'이란 이름으로 당당하게 폭력을 행사했고, 나는 그것이 고통스러웠음에도 '사랑'의 표현으로 받아들였다.

그에게서 벗어난 이후 가장 공을 들인 일은 기존에 내가 갖고 있던 왜곡된 인식을 버리고 그와 만난 8개월의 기간을 재해석하는 작업이었다.

그가 내게 왜 그랬는지, 나는 왜 그에게서 벗어나지 못했는지, 내가 당한 일을 스스로 어떻게 받아들여야 하는지 끊임없이 질문하고 답을 구하려 했다.

아직 온전한 답을 찾지 못했다. 폭력의 경험에서 완전히 자유롭지도 못하다. 그 당시 쓴 일기를 읽을 때나 다른 사람과 피해의 경험을 나눌 때면 여전히 눈물이 솟아오른다. 달라진 점이 있다면, 그전처럼 자책하지 않는다는 것이다. 오히려 그 시절을 버틴 내가 스스로 대견하다.
 이제 그의 존재는 더 이상 나를 휘두르지 못한다.

2021년 봄

연아

차례

프롤로그
　당신만 겪은 일이 아니다 · 7

 그가 나를 사랑하는데 왜 나는 괴로울까

1~2개월 　**부인**

　　이상형을 만났다 · 22
　　폭력이라고는 생각하지 못했다 · 28
　　+++++ 이런 것도 폭력일까 · 33

3~4개월 　**죄책감**

　　그는 싸울 때마다 나를 탓한다 · 42
　　내가 잘하면 괜찮아지겠지 · 49
　　+++++ 정서적 학대, 가스라이팅 · 56

| 5개월 | **깨달음** |

이건 정상적인 관계가 아니야 · 64
+++++ 사랑인가 폭력인가 · 72

| 6~7개월 | **책임** |

헤어지고 싶지만 그가 불쌍하다 · 80
그를 고치려는 노력은 소용이 없다 · 88
+++++ 나는 왜 벗어나지 못했는가 · 93

| 8개월 | **결심** |

헤어지자고 할 때마다 폭력은 심해진다 · 100
헤어지는 것밖에 방법이 없다 · 105
+++++ 안전이별은 가능할까 · 113

… 그것은 폭력이다

이별 후	
1개월	**혼란**

자책, 분노, 우울 • 122
살고자 여성단체를 찾다 • 126
+++++ 유형별 데이트폭력 • 131

이별 후	
2~5개월	**희망**

이야기된 고통은 더 이상 고통이 아니다 • 142
이제야 그를 제대로 보다 • 148
+++++ 가해자의 폭력성 해부 • 151
+++++ 본래 그런 사람일까 • 162

이별 후	
n개월	**성장**

나는 더 단단해졌다 • 170
+++++ 성관계에서 동의에 관하여 • 174

폭력을 사랑으로 견딘 이들에게

당신 탓이 아니다 • 184
+++++ 내 주변에 피해자가 있다면? • 188

데이트폭력에 대해 공부하자 • 193
+++++ 도움이 되는 자료들 • 197

증거를 수집하고 도움을 요청하자 • 203
+++++ 도움을 요청할 수 있는 기관들 • 207

에필로그
또 다른 나, 우리 • 213

그가
나를 사랑하는데

왜
나는 괴로울까

당신으로 인하여 나는

새로운 사람으로 변하고 있어요.

새로운 경험을 하게 되었고

아낌없이 베풀고 받아들이는 것을 배웠지요.

당신의 사랑으로 나는

온전히 서로를 이해하는 너그러움을 갖게 되었지요.

사소한 즐거움 하나로 하루 내내 미소 지을 수 있다는 것도요.

당신은 나의 존재를 인정해주었고

내가 바르게 성장할 수 있도록 이끌어주었지요.

나는 당신에게 더 가까이 가기 위해

성장을 게을리하지 않았어요.

나의 사랑으로 인해

당신도 역시 그렇게 되길 진심으로 기도해요.

—제니 디터, 「당신으로 인하여」 전문

좋은 사람을 만나 알콩달콩 연애하기를 꿈꿨다. 서로의 자존감을 높여주는, 함께 있으면 즐거워지는 관계를 바랐다…….

어둠 속에 오래도록 있으면 어둠이 당연하다고 생각한다. 뭔가 잘못되고 있다고 느꼈지만, 이미 이 상황에 익숙해져 있었다. 가끔 한 줄기 빛이 내 마음속의 그와 나를 비춰주는 순간도 있었다. 그와 나 사이에 있었던 일을 누구에게도 떳떳하게 털어놓을 수 없었다.

1~2개월

부인

이상형을 만났다

나를 가장 많이 사랑해주는 사람이 본인이 아닐 수도 있지만, 자신이 가장 크게 생각하고 사랑하는 사람이 나라고 한다. 지난 2년간 나에 대한 미안함에 후회했다고 한다.

 이러면 안 된다고 생각하면서도 그와의 대화가 즐겁고 너무 좋다. 나는 이 사람한테서 벗어날 수 없나 보다. 속수무책으로 빠져들고 있다. 지난 시간 당신이 내 생각을 한 것처럼 나도 당신 생각 많이 했다고 말해주고 싶다. 앞으로 나를 소중히 대해달라고, 내가 무슨 짓을 해도 화내지 말고 잘했다고 말해달라고. 그럼 나도 당신 곁을 떠나지 않고 평생 곁에 있겠다고 말하고 싶다.

—1개월 차에 쓴 일기

그와는 헤어졌다가 다시 만난 사이였다. 처음 그를 만난 건 직장인 스터디 모임에서였다. 당시 나는 사회 초년생으로 처음 모임에 참석했고 그는 이미 모임 사람들과 친분이 있는 상태였다. 그는 재치 있는 말로 주위 사람들에게 웃음을 주면서도 날카로운 분석력으로 모임에서 인정받는 사람이었다.

그의 이야기에 고개를 끄덕이며 귀 기울이다 보면 시간 가는 줄 몰랐다. 그는 청소를 도맡아 하는 등 솔선수범하는 모습을 보였으며 사회적 약자를 위한 고민이 담긴 발언을 자주 했다. 바른 가치관과 태도를 지닌 멋있는 사람이라고 생각했다. 내가 이상형으로 바라던 사람 그 자체였다. 그러나 여덟 살 이상 나이 차이가 났기에 그를 연애 상대로 여기지는 않았다. 다만 선후배 사이로 친하게 지내면 좋겠다고 생각했다.

그를 볼 때면 대학 시절 의남매를 맺을 정도로 친하게 지냈던 선배가 떠올랐다. 그 선배에게 전화를 걸어 '선배와 비슷한 사람을 만났다'고 얘기했다. 그 선배도 유쾌하면서도 통찰력 있고 무엇보다 남들에 대한 포용력이 뛰어난 사람이었다. 곁도는 후배가 있으면 각별히 신경 써주면서도 내색하지 않았고, 누군가 무엇을 필요로 할 때 먼저 알아차리고 챙겨주곤 했다. 자연스레 주변에 사람이 많았다. 아마 그 선배와 비슷한 사람일 것으로 생각했다.

어느 순간을 기점으로 부쩍 그와 가까워졌다. 부담 없이 받던 그의 전화가 점차 잦아졌다. 그는 내게 '요즘 여자들과 다르다', '생각이 바르고 개념 있다', '예쁜데 착하기까지 하다'며 칭찬을 아끼지 않았다. '이렇게 대화가 재미있고 또 연락하고 싶어지는 사람은 당신밖에 없다'라며 매일같이 전화하고 적극적으로 나에 대한 호감을 표시했다. 내 마음도 그로 인해 설레기 시작했다. 나는 이전까지 연애 경험이 없었다. 이런 종류의 즐거움과 행복감은 난생처음이었다. 대화를 나누면 나눌수록 그에게 빠져들었다. 그렇게 그와의 만남이 시작되었다.

마냥 행복하기만 한 기간은 그리 오래가지 않았다. 사귀기로 한 지 일주일쯤 지난 시점부터 그는 이전에는 보이지 않던 모습들을 드러내기 시작했다. 내게 '배려할 줄 모른다', '자기 자신밖에 모른다'며 비난의 화살을 날렸다. 나는 그를 만나는 것을 좋아하면서도 언제부터인가 혹시 실수할까 봐 그의 눈치를 보게 되었다.

연락은 매일 했지만, 실제로 만난 횟수는 많지 않았다. 그는 일이 많다고 자기가 시간 될 때만 가끔 나를 만났다. 그럼에도 스킨십에 집착했다. 나는 진도가 빠르다고 느꼈지만, 그가 나이가 많으니 그럴 수도 있다고 이해했다. 오히려 그가 요구하는 대로 다 들어주지 못하는 것에 미안함을 느꼈다. 그는 집안에서 결혼을 재촉받는다며 결혼 얘기를 자주 꺼냈고, 어느 날은 진지하게 결혼을 하자고 내게 말했다. 내가 결혼은 아닌 것 같다고 판단해 거절하자, 화를 내며 헤어지자고 했다. 그와의 석 달간의 짧은 연애는 이렇게 끝났다.

이런 사실을 지인들에게 얘기하자 모두 잘 헤어졌다고 했다. 나도 동의했다. 이상한 사람을 만나서 이상한 연애를 했다고 생각했다. 얼마 안 지나 그가 모임에서 나가자, 그를 다시 보게 될 일은 영영 없을 것 같았다. 그와의 인연은 그렇게 끝난 줄로만 알았다.

"내가 잘못했어. 당신한테 사과하고 싶어서 연락했어. 그땐 당신이 얼마나 소중한 사람인지 몰랐어."

2년쯤 지났을 때 그에게 연락이 왔다. 당시 나는 그에 대한 감정이 많이 사라진 상태였다. 그와 인사 정도는 할 수 있는 선후배 관계가 되어도 괜찮겠다고 생각했다. 어차피 나와 같은 업계에 종사하는지라 언젠가 어디에서라도 마주칠 사람이었다. 게다가 나는 어떤 시험을 준비 중이었는데 그는 자신이 이미 합격했던 시험이라며 도와주겠다고 했다. 시험과 관련된 도움도 받을 겸 한 번쯤 만나도 괜찮겠다고 생각했다.

그는 내가 준비하는 시험에 관한 자료를 항목별로 정리해서 가져왔다. 그리고 다시 한번 내게 사과했다. 그동안 많이 반성했다고, 나하고 헤어져 있는 기간 동안 내 생각을 하면서 자신의 잘못을 고치려고 노력했다고 말했다.

"2년간 당신이 얼마나 좋은 사람이었는지, 나에게 얼마나 과분한 사람이었는지 깨달았어. 다른 사람과의 차이를 잘 조정하는 데서 인격이 드러나는 법인데 내가 잘 조정하지 못했던 것 같아. 나 이제 원만하게 해결할 자신이 있어. 당신을 생각하면서 화가 나더라도 참고 유연하게 넘기는 연습을 했어."

그는 본래 종교에 관심이 없던 사람이었음에도, 내가 교회에 다닌다는 것을 생각하여 근처 교회를 스스로 찾아갔다며 그동안 모아둔 주보를 보여주었다. 회개하고 반성했다고 했다.

그와 절대로 다시 연애를 시작하지 않겠다고 결심한 채 만났던 나는 마음이 흔들렸다. 그는 진짜로 달라진 것 같았다.

"나는 그동안 나를 좋아하는 사람만 만나서 갑의 위치에만 있었던 것 같아. 이제는 내가 좋아하는 사람을 만나 을의 연애를 하고 싶어. 맹세할게. 앞으로는 예전과 다른 모습을 보일 거야. 우리 다시 만나면 안 될까?"

그는 다시 사귀다가도 자신의 옛 과오가 반복될 낌새가 보이면 바로 헤어질 수 있다고 말했다. 결혼도 우리가 함께 행복해진다면 자연스럽게 하게 되는 것이지, 결코 억지로 강요하지 않겠다고 다짐했다. 매력적이지만 성격이 모난 사람이라고 여겨왔는데 그것이 다듬어진 것이 사실이라면 이보다 더 좋은 인연은 없겠다는 생각이 들었다. 그와 처음 연애를 시작했던 2년 전의 설렜던 감정이 다시 샘솟았다. 그를 믿어보기로 결심했다.

'그래, 나도 한번 겪었으니 혹시라도 예전 같은 상황이 와도 잘 대처할 수 있을 거야. 아니면 헤어지면 되는 거지.'

폭력이라고는 생각하지 못했다

다른 사람과는 문제없던 일들이 그와는 다툼 거리가 되곤 한다. 본래 일요일에 주말 데이트를 하기로 했지만 피곤할 것 같아 토요일에 만나자고 했다. 그러자 그가 토요일에도 보지 말자고 받아쳤다. 내가 왜 그러냐고 묻자 '왜 너는 네 맘대로 해도 되고 나는 안 되냐'며 정색을 했다. 나의 일관성 없음을 참아줄 수 없다며, 자기를 실망시키지 말라고 한다. 내가 사랑받는 데 너무 익숙해져 남을 배려하지 않고 행동한다고 말한다.

아, 옛날에 사귀었을 때 패턴이 반복되는 것 같다. 그가 지적하고 내가 사과하고. 그가 말하는 방식이 예전보다 개선되긴 했으나 내가 죄인 된 느낌을 받는 것은 똑같다. 그가 좋긴 하지만 또다시 이런 상황이 되는 것은 싫다.

— 2개월 차에 쓴 일기

그는 자신이 무시 받는다고 느끼는 상황을 그냥 넘어가지 못했다. 문제는 그가 기분 나빠하는 상황들이 지극히 자의적이어서 예측 불가능했다는 점이다.

어느 날 나는 지인의 결혼식에 참석하고서 친한 사람들과 카페에 가기로 했다. 그는 이 얘기를 전해 듣자, 내 공부를 돕기 위해 자신이 자료를 찾아줬는데 나는 놀러 다니기나 한다며, 이는 도움을 준 자신을 무시하는 행동이라고 주장했다.

"전혀 그렇지 않아요. 내가 오빠를 왜 무시해요. 나를 도와줘서 얼마나 고맙게 여기는데요. 친구를 만나는 건 별개의 문제예요."

"아니, 내가 너를 도와주려고 자료 찾아준 것을 생각하면 이럴 수가 있어? 지금 친구랑 놀러 다닐 때야? 지금 진짜 중요한 게 뭔지를 모르는구나. 가만 보면 너보다 내가 더 네 미래를 걱정하는 것 같다니까."

그는 내가 별생각 없이 한 행동에 의미를 부여하여 이렇게 해석했다. 실제로 그가 나를 도와준 것은 잠깐이었다. 더욱이 나는 취업준비생도 아니고 직장을 가진 상태에서 단지 경력을 더 쌓기 위해서 개인적으로 공부하는 것뿐이었다. 무엇보다, 그가 나를 도와준다고 해서 내 행동을 통제할 권리는 없지 않은가.

그러나 당시에는 이런 생각을 전혀 하지 못했다. 대신, 그가 기분이 상했을 수도 있다고 생각했다. 그에게 미안하다고, 다음부터는 열심히 공부하겠다고 사과했다. 마음속으로 내가 잘못한 정도에 비해 그가 지나치게 심하게 반응한다고 느꼈지만, 내가 그를 충분히 배려하지 못했으니 받아들여야겠다고 생각했다. 그가 나를 위해 애써준 것은 사실이다, 하고.

그는 내게, 반드시 자신과 먼저 약속을 잡고 난 다음에 다른 이들과의 약속을 잡게 했다. 그날은 이러이러한 일정이 있으니 다른 날 만나자고 하면 자신을 후순위에 놓는다고 언성을 높였다. 내가 나한테 도움이 안 되는 사람들을 만나고 다닌다며 내 지인들을 폄하했다. 여러 가지 이유를 대며 내가 다른 사람을 만날 때마다 화를 냈다.

"역시 넌 사람을 배려할 줄 몰라."

그의 통제와 간섭이 불편했지만 나에 대한 '근심과 보호'라고, 남다른 '애정과 관심'이라고 이해했다. 나를 위하는 마음이 너무도 큰 나머지 지나치게 감정적으로 반응하는 것으로 생각했다. 2년 전에 사귀었을 때와 달리 나를 향한 애정이 느껴졌다. 그와의 관계는 분명히 다른 사람들의 경우와 달랐지만, 그만큼 나에 대한 사랑이 깊은 것으로 여겼다.

그가 내게 모든 시간과 정성을 쏟아붓는 것을 인정하지 않을 수 없었다. 내가 아프다고 하면 바로 달려왔고, 내 모든 일을 도와주려 했고, 중요한 날이면 직장까지 나를 차로 바래다주었고, 갑작스러운 이벤트를 만들어주곤 했다. 나와 같이 있고 싶다며 바쁜 시간을 쪼개 매일같이 찾아왔다. 나를 만나게 된 것이 엄청난 행운이라며 자기가 '착하고 어리고 예쁜 여자친구'를 뒀다고 입버릇처럼 말하곤 했다.

때때로 심하게 화를 내기도 했지만 자신이 잘못했다는 것을 깨닫자마자 곧장 진심을 담아 사과했다. 분노의 순간이 일단 지나가면 헌신적인 모습으로 돌아왔고, 자신이 잘못했다며 더 잘해주었다. 그럴 때마다 헌신적인 모습이 그의 원래 모습이고, 분노로 돌변하는 순간이 일시적이라고 생각했다. 그런 순간이 오지 않게 조심하면 되겠다고 생각했고, 내가 맞춰갈 수 있다고 생각했다.

그러나 이런 나의 바람과는 달리 상황은 나아지지 않았다.

'이게 이렇게 화를 낼 상황인가?'

사소한 다툼에도 불같이 화내는 그의 모습을 맞닥뜨릴 때마다 문제가 심각하다고, 말을 너무 함부로 한다고 생각하지 않은 건 아니다. 내가 아무리 잘못했다 하더라도, 말은 좀 친절하게 해줬으면 좋겠다고 여러 번 얘기했지만 별 소용 없었다. 공격받지 않기 위해 나 자신을 방어하면 그는 내가 잘못을 인정하지 않는다고 더 화를 냈다.

어느새 나는 그와만 만나고 그와만 대화를 나누었다. 일주일에도 몇 번씩 만났으며 하루 평균 네댓 시간씩 통화했다. 그와 모든 일정을 공유했다. 그가 한 말에 상처 입으면서도 연인 사이에 있을 수 있는 '다툼'으로 이해했다. 말만 그렇게 했지, 내 몸에 물리적인 힘을 행사한 것도 아니니 '폭력'이라고 생각한 적은 없었다.

+++++
이런 것도
폭력일까

데이트 폭력, 이럴 때 의심해보세요

데이트 상대가 다음과 같은 행동 중 하나라도 한다면 위험신호일 수 있다. 이때는 혼자 고민하지 말고 상담을 하는 게 중요하다.

- ☑ 큰소리로 호통을 친다
- ☑ 하루 종일 많은 양의 전화와 문자를 한다
- ☑ 통화내역이나 문자 등 휴대전화를 체크한다
- ☐ 옷차림이나 헤어스타일 등을 자신이 좋아하는 것으로 하게 한다
- ☑ 다른 사람들을 만나는 것을 싫어한다
- ☑ 날마다 만나자고 하거나 기다리지 말라는데도 기다린다
- ☑ 만날 때마다 스킨십이나 성관계를 요구한다
- ☑ 과거를 끈질기게 캐묻는다
- ☑ 헤어지면 죽어버리겠다고 한다
- ☑ 둘이 있을 때는 폭력적이지만 다른 사람과 함께 있으면 태도가 달라진다
- ☐ 싸우다가 외진 길에 나를 버려두고 간 적이 있다
- ☑ 문을 발로 차거나 물건을 던진다

출처: 한국여성의전화, 「F 언니의 두 번째 상담실: 데이트폭력 대응을 위한 안내서」 2018

그는 나와 마지막으로 헤어질 무렵, 데이트폭력의 위험 신호라는 열두 가지 항목 중 무려 열 가지에 해당하는 사람이었다. 게다가 이 열 가지 중 여섯 가지 항목의 행동은 만난 지 두 달이 채 안 된 초반부터 시작되었다.

데이트폭력은 데이트 상황에서 발생하는 모든 유형의 폭력을 통칭하는 말이다. 데이트폭력에는 다양한 유형이 있는데 대체로 통제, 정서적·언어적·경제적 폭력, 신체적 폭력, 성적 폭력이라는 네 가지 폭력으로 나눌 수 있고, 한 가지 유형만 독립적으로 발생하지 않으며 대부분 여러 유형이 복합적으로 작용한다.

흔히 데이트폭력 하면 신체적 폭력만을 생각하곤 하는데, 피해자에게 정신적·심리적 고통을 유발하는 모든 행위를 폭력으로 인식해야 한다. 예를 들면 폭언과 욕설을 퍼붓는 것, 행동에 제약을 가하며 감시하고 통제하는 것, 죽이겠다고 협박하거나 헤어지면 자살하겠다고 위협하는 것, 친구와 가족 등 주변 사람들을 위협하는 것, 이제까지의 성관계 사실과 데이트비용 지출을 빌미로 만남을 강요하고 협박하는 것 모두 데이트폭력이다. 위 리스트에 제시된 행동들 또한 데이트폭력에 해당된다. ♥

나는 그와 헤어진 직후, 그가 내게 저질렀던 폭력들을 유형별로 분류해보았다. 그는 네 가지 유형의 폭력을 모두 행사했다. 유형별로 강도가 달랐는데 통제, 정서적·언어적 폭력, 성적 폭력은 매우 심각한 수준이었다. 데이트폭력으로 불리는 행동의 거의 모든 것들이 다 있었던 셈이다. 다만 신체적 폭력은 다른 유형에 비해 덜한 수준이었는데, 아마도 신체적 폭력은 가장 좁은 의미에서의 명명백백한 폭력이라 의식적으로 자제되었을 것이다.

많은 이들이 신체적 폭력은 어떤 이유로든 변명이 안 된다고 생각하는 반면 통제, 정서적·언어적 폭력, 성적 폭력은 심하고 약한 정도 차이가 있을 뿐 연애 관계에서 자연스럽게 있을 수 있다고 생각하곤 한다. 가해자나 피해자 양쪽 모두 그 정도는 서로 사랑하면 자연스럽게 일어날 수 있는 일이라고, 또 누구나 화가 나면 그럴 수도 있지 않냐고 넘어간다.

♥ 한국여성의전화, 「F 언니의 두 번째 상담실: 데이트폭력 대응을 위한 안내서」, 2018, 29쪽.

데이트폭력은 관계 초기부터 시작된다

폭력이 시작된 시기 ♥

단위: %(명)

세부 문항	통제	언어적/정서적/경제적	신체적	성적
사귀기 전	4.8%	4.0%	2.6%	4.2%
사귄 후 1개월 미만	30.5%	18.3%	11.1%	21.4%
사귄 후 1개월~3개월 미만	26.2%	21.4%	15.3%	26.5%
사귄 후 3개월~6개월 미만	11.5%	18.0%	21.2%	15.8%
사귄 후 6개월~1년 미만	9.5%	15.5%	22.2%	15.0%
사귄 후 1년~2년 미만	4.1%	10.0%	13.2%	8.8%
사귄 후 2년~3년 미만	1.8%	2.5%	4.8%	1.6%
사귄 후 3년 이상	0.6%	2.5%	1.6%	2.0%
헤어지자고 한 이후	0.6%	2.5%	2.6%	0.2%
기억나지 않음	10.3%	5.1%	5.3%	3.4%
계	100%	100%	100%	100%
	(660)	(417)	(189)	(501)

♥ 손문숙·조재연, 「데이트폭력 피해 실태조사 결과와 과제」, 한국여성의전화, 2016, 17쪽.

왼쪽 표를 통해 폭력이 처음 시작된 시기를 보면, 통제의 경우 '사귄 후 1개월 미만'이 가장 많았고 언어적·정서적·경제적, 성적 폭력의 경우는 '사귄 후 1~3개월 미만', 신체적 폭력의 경우는 '6개월~1년 미만'이 가장 많았다. 6개월이 채 안 된 기간에 데이트폭력이 처음 발생했다는 비율이 평균 59.9%로, 데이트폭력을 경험한 여성 응답자의 과반수 이상이 관계 초기에 폭력을 경험하기 시작한 것으로 나타났다.

즉 데이트폭력의 징후는 연애 초기부터 나타난다. 이 분야의 연구자나 전문가들은 '안전이별'을 위해서 초기에 징후들이 나타났을 때, 관계가 더 깊어지기 전에 정리해야 한다고 말한다. '작은 폭력이나 사소한 구속이라도 가볍게 넘겨서는 안 된다'고 조언한다. 또 '폭력을 당했을 경우에는 지인이나 경찰 등 외부에 알려야 한다'고 이야기한다.

흔히 '사소한 구속', '애정과 관심', '걱정'으로 간주되곤 하는 '통제'도 결코 가볍게 넘어갈 내용이 아니다. 위 설문조사에서 모든 형태의 폭력 피해를 겪은 여성 응답자의 90.1%가 통제 피해를 입었다고 응답했다. 통제 행동은 언어적·정서적·경제적, 성적 폭력으로 이어지고 이는 신체적 폭력으로 발전하는 양상을 보인다. 통제는 다른 유형의 폭력과 상호연관성이 매우 높다. 통제의 근원에는 연인을, 자신의 마음대로 할 수 있는 '소유물'로 여기는 인식이 깔려 있기 때문이다. 가해자는 자신의 통제를 따르지 않는 연인에게 폭력을 행사한다.

처음부터 신체적 폭력을 저지르는 이는 드물다. 실제로 유형별 데이트폭력 피해 통계에서 신체적 폭력은 가장 늦게 시작되며 신체적 폭력을 경험한 비율이 제일 낮았다. 신체적 폭력만을 데이트폭력으로 정의하면 피해자는 폭력을 알아차리지 못하게 된다. 폭력은 시작은 약하지만 반복될수록 점차 강해지는 특성을 지닌다. 가해자는 죄의식이 무뎌지며 점점 더 심한 폭력을 행사하게 되고, 피해자는 어느새 폭력 상황에 익숙해져 결국 폭력에서 벗어나지 못하게 된다.

나의 경우를 보더라도, 모든 유형의 데이트폭력에 대해 어떤 이유로든 넘어가선 안 되는 '폭력'임을 진작에 명확히 인식했더라면, 그가 '사랑해서 집착하고 화를 좀 냈을 뿐'이라고 마치 당연한 것인 양 변명하는 것을 받아들이지 않았을지도 모른다. '그가 다혈질이긴 해도 그것만 빼면 괜찮은 사람'이라는 식의 경솔한 판단도 허용하지 않았을 것이다.

한국여성의전화 연구에 따르면, 특히 관계 초기에 발생한 폭력은 훨씬 나중에 발생한 경우보다 더 '자연스러워서' 폭력이라고 인지하기 힘들다고 한다. "서로에 대해 잘 모르고 소위 '한창 좋을 때' 발생하기 때문에 폭력행위는 상대의 성향이나 성격, 태도 정도로 '이해'되"기 때문이다.♥

나 또한 초반에 보인 약한 정도의 통제, 정서적·언어적 폭력, 신체적 폭력, 성적 폭력을 그의 특성으로 이해했다. 그가 내 주변의 관계들과 나의 행동을 통제하는 동안, 나는 그가 내가 다른 사람을 만나는 것을 별로 좋아하지 않는 사람이라고 생각하며 그의 비위를 거스르지 않으려고 조심했다. 또 그가 나에게 가한 언어적·정서적 폭력을 두고 그는 흥분하면 목소리가 커지는 사람이라고 단순하게 여기기만 했다. 내게 가한 성적 폭력에 대해서도 그가 스킨십을 지나치게 좋아하는 사람이구나, 정도로만 생각했다.

♥ 손문숙·조재연, 「데이트폭력 피해 실태조사 결과와 과제」, 한국여성의전화, 2016, 32쪽.

나와 성향이 다르다고만 여겼다. 친구를 만나는 일상적인 일조차 그의 눈치를 봐야 했던 상황 속에서도, 그가 나에게 욕을 하거나 손찌검을 한 것은 아니었기에 내가 당한 것을 폭력이라 여기지 않았다. 그는 사랑하는 연인이었다. 뭔가 이상했지만, 그만의 사랑 방식으로 받아들였다.

3~4개월

죄책감

그는 싸울 때마다 나를 탓한다

그가 자꾸 성관계를 요구한다. 나는 싫은 마음에 '아닌 것 같다' 답하는 상황이 반복된다. 너무 빠른 것 같은데……. 이 문제로 계속 싸우게 된다. 그는 내가 말로만 사과하지 자기중심적으로 굴어서 자기는 여태껏 상처만 받았다고 한다. 내게 단단히 실망했고 자신한테 관심이 있는 건지도 모르겠다고 한다. 그런 내 태도에 자신이 버틸 수 있는 뭔가라도 있어야 하지 않겠냐고 말한다. 내가 성관계는 안 된다고 하자 그럼 자기는 어쩌냐며 다 내 마음대로만 한다고 비난한다. 자기는 노력할 거 다 노력하고 있고 책임질 마음이 있으니 성관계를 요구할 권리가 있다고 한다. 한번 하고 나면 자신이 첫 남자니 내가 좀 이기적으로 굴어도 참아줄 수 있다고 말한다.

　아, 아무리 생각해봐도 하는 것밖에 방법이 없다. 그래야

> 그가 '얘가 맘이 바뀌지 않을까' 의심하는 부분이 해소될 것 같다. 그를 좋아하는데 자꾸 그를 실망시키게 된다. 그의 말대로 난 내가 원하는 것만 주장하고 있는 것 같다.
>
> — 3개월 차에 쓴 일기

그는 내가 이기적이라고 했다. 그의 생각에 반대하거나 내 주장을 말하면 그건 이기적인 말이 되었다. 그전까지는 살면서 한 번도 이기적이란 말을 들어본 적이 없었다. 당신이 잘못 생각하는 거라고 반박했다. 그랬더니 사람들이 널 잘 몰라서 그렇다고, 네가 그 사람들을 피상적으로 대해서 그런 거지, 널 가까이서 보면 알 수 있다고 주장했다. 그와 필사적으로 말다툼을 벌였다. 그가 나를 나쁜 사람으로 매도하는 것을 견딜 수 없었다.

계속되는 그의 비난과 감정 폭발로 혼란에 빠졌다. 이런 싸움은 처음이었다. 보통은 상대방과 기분 상하는 일이 있어도 서로 대화하면서 잘 해결했는데 그에게는 그 방법이 통하지 않았다. 그렇다고 포기할 순 없었다. 그와는 연인 사이였다. 그를 더 이해하려고 애썼다. 그 과정에서 내가 너무 과하게 감정 이입을 했던 것 같다. 마치 자녀가 학대당하는 상황에서도 자신이 잘못해서 혼난다고 생각하며 부모를 어떻게든 이해하려고 애쓰는 것처럼.

나중에는 '나도 크든 작든 문제가 있으니 그가 날 이렇게 비난하는 거겠지' 하고 생각하게 되었다. 그의 말에 수긍했다. 내가 자꾸 그를 실망시켜서 싸움이 일어난다고 생각했다.

그는 초반부터 끊임없이 성관계를 요구했다. 내가 거절하면, 남자에 대해 모른다고, "발기됐는데 참으면 몸에 안 좋다"며 짜증을 냈다. 남이 고통스러워해도 내가 자기만 생각한다고, 이기적이라고 비난했다. 내가 아직은 이른 것 같다고, 지금은 준비되지 않았다고 수십 번을 말해도 소용이 없었다. 본인을 사랑하면 섹스하라고, 내가 그를 사랑한다는 것을 증명할 방법은 본인과 자는 것뿐이라고 말했다. 마치 나에게 맡겨놓은 것처럼 자기 권리를 주장했다. 내가 도리를 다하지 않는 것처럼 굴었다. 내가 성관계를 받아들이면 자신이 첫 남자가 되니 내 이기적인 성격도 참아줄 수 있다고 했다.

한번은 그가 나를 차로 집에 데려다주는 길이었다. 내가 그다음 주에 다른 지역에 갈 일이 있었는데 그가 자신의 차를 운전해 함께 가주겠다고 제안했다. 나는 좋다고, 고맙다고 말했다. 그러나 다음 질문이 나를 긴장하게 만들었다.

"그날 같이 호텔에서 자고 갈래?"

한참 성관계 문제로 갈등을 빚던 중이었다. 그런 상황을 다시 만들고 싶지 않았다. 그의 눈치를 보며 조심스럽게 말했다.

"음…… 미안한데, 차로 아침에 갔다가 밤에 돌아오면 안 될까요?"

그는 내 대답을 듣자마자 정색했다. 방금 전까지 날 위해 뭐든지 해주고 싶다며 다정하게 웃던 사람은 사라졌다.

"뭐? 너 지금 뭐라고 했냐? 그럼 내가 너를 위해 심부름해주는 것밖에 안 되는데? 하아, 너를 도와주고 애써주는 사람한테 결정하고 통보하는구나. 얘 또 이러네. 싫어."

순식간에 움츠러들었다. 그의 말이 맞다고 생각했다. 내가 또 이기적으로 그의 호의를 당연하게 여겼다고 반성하며 미안해했다. 그는 거기에서 그치지 않았다. 그것밖에 사과할 게 없냐며 언성을 높였다.

"너, 질문부터 틀렸어. 아, 열 받아. 단순히 호텔에서 자는 건 안 된다고 말할 게 아니라 '같이 있고 싶긴 한데 어떻게 하면 좋을까요?' 하고 물어야지. 그러면 난 너와 시간을 같이 보내는 게 목적이니, 산책을 하든 영화를 보든 대안을 생각했을 거 아니야."

그의 말이 거칠어지기 시작했다.

"아니지, 네가 먼저, 호텔에서 머물지 않더라도 나하고 같이 있는 방법을 강구하고 그런 말을 꺼내야 하는 거 아니야? 너 도와주려고 하는 사람한테 왜 이렇게 이기적으로 굴어. 기본적으로 인간을 존중하는 방법을 모른다니까."

그는 차를 거칠게 몰더니 곧장 차를 세웠다. 내 쪽으로 몸을 돌렸다. 그의 화난 얼굴이 보였다. 고개를 들 수 없었다. 눈물이 나왔다.

"너, 지금 또 스킨십 걱정해서 그러는 거지? 넌 날 뭘로 보냐. 본인의 감정만 앞서니 날 스킨십만 목적인 사람으로 생각하는 거지. 너, 그 사고방식부터 뜯어고쳐야 돼. 사람이 그렇게 자기밖에 몰라요."

그의 말에 반박할 수 없었다. 실제로 그가 항상 성관계를 요구했으니 이번에도 그런 계산이 있으리라고 짐작했기에 속으로 뜨끔했다. 그를 나쁜 사람으로 오해해 그에게 상처를 줬다고 생각했다. 왜 나는 자꾸 그를 실망시킬까, 그는 날 위해주면서 행동하는데 난 왜 이럴까, 하며 자책했다. 내가 잘못했다고, 미안하다고 울면서 한참을 사과했다. 그에게 용서를 빌었다.

그는 싸울 때마다 내가 잘못한 점을 나열하면서 이를 내게 다시 외우게 했다. 내가 외우지 못하면 진짜 미안해하는 게 맞냐면서 추궁했다. 미안하면 고치려고 노력해야 한다고 했다. "역시 넌 아무리 말해줘도 변하는 게 없다." '네 인성이 그 정도 수준'이라는 비난을 퍼부었다. 나는 그가 말하는 나의 단점들을 적고 외워야 했다. 이렇게 적었다.

1. 즐거울 때 맘대로 막 함. (이후에 대해 아무 생각 안 하고 자제 안 함. 그러다 자기중심적으로 생각하기 시작함.)
2. 기분 좋은 추억이 있더라도 싸우면 끝. (힘들 때 좋았던 추억을 생각하며 덜 기분 나빠하든가 견뎌내든가 하지 않고 우울해함.)
3. 잘못을 인정하지 않음. (말로만 인정하면서 비난받는 말은 듣기 싫어함.)
4. 싸워서 힘들면, 그게 싫으면 멈추거나 좀 자제해야 하는데 계속해서 싸움. (스트레스받았다고 우겨서 싸움이 길어짐.)

그는 싸움이 시작되는 건 내가 1, 2, 3번의 행동을 했기 때문이고, 우리의 싸움이 길어지는 건 내가 4번의 행동을 했기 때문이라고 했다. 그가 참아야만 싸움이 끝난다고 주장했다. 나는 그의 말에 반발하는 마음이 들다가도 이내 반발하는 마음이 드는 것 자체가 자기중심적인 거라고, 내가 또 내 잘못을 인정하지 않아서 이 상황이 반복되는 것 같다고 반성하곤 했다. 그에 대해 안 좋은 감정이 들 때면 그의 말대로 그가 내게 잘해주었던 기억을 떠올리며 부정적인 감정을 떨쳐보려고 노력했다. 그가 내 단점을 정확히 짚었으며 싸움의 원인이 내게 있다고 생각했다. 혼자 있을 때조차 그의 말에 비추어 나를 판단했다.

내가 잘하면 괜찮아지겠지

[명심할 것]

1. 내 생각만 하지 말자. (자기중심적으로 굴지 말기.)
2. 기분 나쁜 말들에 대해 거슬려 하지 말자. (내가 잘못했으면, 그의 말투로 트집 잡지 말기.)
3. 상대방이 말하는 것을 있는 그대로 듣자. (내 생각 덧붙이지 말기.)

그가 인품, 능력, 삶의 태도나 습관 등 모든 면에서 나보다 낫다. 그의 말투에 연연하지 말고 내 잘못을 생각하자. 내가 바뀌어야 한다. 위 세 가지를 항상 되새기면서 고치려고 노력하자.

―4개월 차에 쓴 메모

그와의 연애는 롤러코스터와 같았다. 좋을 땐 저 위로 끝까지 올라갔으나 안 좋을 땐 저 밑바닥까지 한없이 내려갔다. 이렇게 좋을 수 있을까 싶다가도 그가 내 모든 치부를 드러내며 비난할 때면 극도로 비참해졌다. 끊임없이 그의 눈치를 살폈다. 그의 심기를 거스르지 않게 말을 조심했다. 편하게 있다가도 그가 기분이 상한 것 같으면 혹시 내가 저질렀을지 모를 잘못에 대해 먼저 사과했다. 그는 내게 화를 내고, 나는 그에게 사과하는 패턴이 반복됐다.

휴대폰 바탕화면에는 '다른 사람의 입장에서 생각하자', '남 탓하지 말고 내가 노력하자'라는 글귀를 적고 되새겼다. 나 자신을 최악이라고 여겼다. 다툼의 원인이 내게 있으니 내가 노력하고 바뀌면 관계가 개선되리라 믿었다.

그러나 그의 말에 반박하지 않고 곧장 수긍하고 사과하는데도 갈등은 더욱 심해졌다. 그는 끊임없이 새로운 요구사항과 배려의 영역을 들고 왔다. 하루에도 몇 번씩 그에게 사과할 일이 생겼다. 그는 내가 성관계를 받아들이면 나를 참아주겠다 했지만, 실제로 참아준 건 이틀도 채 가지 않았다.

그는 내가 그와 헤어져 있던 시기에 만난 사람(전 남친)에 대해 묻곤 했다. "어떻게 만났냐", "뭐가 좋았냐"며 별일 아닌 듯 물어왔다. 키와 외모는 어땠냐며 구체적인 질문을 던지기도 했다. 내가 그 화제를 피하려 하면, 어차피 지금 만나고 있는 사람이 자기인데 어떠냐며 상관없다고 말해보라고 했다. 조건이 좋은 사람이었다면 오히려 자신이 더 우쭐해질 거라고, 솔직히 답하라고 재촉했다. 그 등쌀에 못 이겨 대답해줬지만, 당신이 제일 좋다고 덧붙였다. 전에 만났던 이가 외모도 괜찮고 키도 큰 편이었지만 나랑 잘 맞지 않았다고 말했다.

그때부터 그는 나와 크게 싸울 때마다 전 남친을 언급하기 시작했다. 한번은 퇴근 후 그와 통화하다가 다투는 중에 그가 갑자기 내가 전 남친과 그를 차별한다고 화를 냈다.

"너 전 남친한텐 어떻게 했어? 나한테 하는 건 이렇게 형편없는데? 왜 너 전 남친하고 나하고 차별하냐? 왜 차별하냐고!"

당황스러웠다. 차별에 대해 생각해본 적도 없었다. 그에게 맞추기 위해 최선을 다하는 중이었다. 끊임없이 그의 눈치를 보며, 그가 화낼 만한 꼬투리를 만들지 않으려고 노력했다. 단언컨대, 나는 전 남친뿐 아니라 그 누구에게도 이렇게까지 정성을 다한 적이 없었다.

"이 얘기가 갑자기 왜 나오는진 모르겠는데, 지금 우리가 싸우는 건 차별하고 상관없어요. 지금 만나고 있는 당신이 제일 좋다니까요. 몇 번을 말했잖아요. 이건 별개의 문제예요."

그는 내 말을 듣지 않았다. 오히려 더 화를 냈다.

"뭐래. 너, 전 남친하고 싸울 때도 지금 나한테 하는 것처럼 네가 잘못한 거 인정 안 하고 대들었냐?"

"전 남친하곤 이렇게까지 싸워본 적이 없어서 모르겠어요."

"뭐라고? 씨발. 어디서 싸가지 없이. 너 지금 내 탓 하는 거 맞지?"

"미안해요. 내가 말을 잘못했네요. 그런데 차별은 정말 아니에요. 만약 당신이 차별이라고 느꼈으면, 그건 내가 부족한 사람이라 그런 것뿐이에요."

그는 전화기 너머로 고래고래 소리를 질렀다. "인성 쓰레기"를 비롯해 "미친년", "씨발년" 등 온갖 욕설을 퍼부었다. 그는 이맘때부터 입에 담을 수도 없는 욕을 섞기 시작했다. 무서웠다. 그는 화를 참을 수가 없다며 차를 몰고 내가 있는 곳으로 찾아왔다. 그는 운전하는 동안에도 전화를 끊지 못하게 하며 계속 분노를 표출했다. 나는 전화기를 붙들고 공원에서 울면서 그를 기다렸다. 그는 끝까지, 지금 싸우는 원인은 내가 전 남친에겐 잘해주고 자기한테는 막 하기 때문이라고 주장했다. 그가 휘두른 언어폭력에 대해 항의할 생각은 하지도 못했다. 오히려 나를 변명하는 데 에너지를 다 쏟았다.

그는 끝내 전 남친과 내가 어떤 대화를 나눴는지 알아야겠다며 메신저 대화 내용을 복원하게 했다. 내가 처음부터 분명히 거부했음에도, 그는 성관계를 요구할 때처럼 계속 화를 내다가 냉담하게 굴기를 반복하면서, 떳떳하다면 보여줄 수 있는 것 아니냐고 왜 숨기냐고 추궁했다. 역시 자신을 차별하는 게 맞다고 주장했다.

대화 내용을 복원하기 전까지는 이 싸움이 끝나지 않을 것 같았다. 내가 억울하다는 것을 증명하기 위해서라도 그의 말에 따라야겠다고 생각했다. 그렇게 한다면 더 이상 이런 식으로 추궁받는 일은 없으리라 생각했다. 메시지를 복원하는 업체에 찾아가 돈을 지불하고 휴대폰을 맡겼다.

그의 말대로 데이터를 복원해 보내자 그가 갑자기 태도를 바꾸었다. 전날까지 정색하고 폭언을 퍼부었던 사람이 갑자기 "역시 너처럼 착한 사람은 없다"라며 자상해졌다. 자신의 '질투'를 받아주느라 고생이 많다고 했다. 자신이 잠깐 정신이 나갔었다며 다정하게 굴었다. 비싼 선물을 사들고 와 나와 결혼하고 싶다고 말했다.

나에게 온갖 모욕적인 말을 하는 사람과 사랑 고백을 하는 사람이 같은 한 사람이었다. 그 괴리감이 무섭게 느껴졌다. 내가 잘하기 나름이라 생각하면서도 괴로웠다. 안도와 불안감, 두려움으로 눈물이 났다. 그를 감당하기 힘들었다.

이 시기에 그의 폭언과 행동들은 이전과 차원이 달랐다. 그는 성관계 중 사진과 영상 촬영을 강요했다. 내 거부는 그에게 씨알도 먹히지 않았다. 그는 실제로 성관계 중 사진을 찍었다. 내가 사진을 지우라고, 헤어지겠다고 하자 안 지우겠다며, 혼자 자위할 때 보다가 다른 여자친구가 생기면 지우겠다고 조건 아닌 조건을 걸었다. 아니면 헤어지더라도 자기한테 '벌려주면' 한 번 더 하고 지우겠다고 협박했다. 자신은 헤어지면 그만이지만 내게는 자신이 첫 남자이므로 나는 평생 잊을 수 없을 것이고 다른 남자랑 결혼하더라도 죄책감에 시달릴 것이라고 저주 같은 말을 쏟아냈다.

[최근 3주간 들은 폭언]

- 인성 쓰레기. 너는 내가 겪은 사람 중 최악의 인성이다.
- 너는 잘해줄 필요가 없다. (자주 나온 말.)
- 씨발, 미친년 등의 쌍욕. (자주 나온 말. 한번 시작하면 30분 이상 이어짐.)
- 몸 함부로 굴린다. (자주 나온 말.)
- 네가 매력이 떨어져서(내가 사람같이 안 느껴져서) 사정이 안 된다. 한 번만 더 인성 쓰레기 짓 하면 다른 여자랑 잘 거

다. 오늘 너하고 해서 사정 성공하면 안 그럴 것이다. 난 성관계가 중요한 사람이다. 다른 여자랑 잤는데도 사정이 안 되면 자신 탓이니 다시 돌아오겠다.
- 다리 벌려라, 따먹길 잘했다, 잘 벌린다. (성관계 때마다 나온 말.)

—당시 쓴 메모

스스로 심리상태가 불안하다는 걸 느낄 정도로 힘들었다. 가족들도 표정이 안 좋다며 무슨 일이 있냐고 물어왔다. 이유 없이 울 때가 많았다. 자주 의욕을 잃고 매사에 무관심해졌다. 고통 없이 죽을 수 있다면 당장 죽어도 상관없다고 생각했다. 가만히 있어도 가슴이 답답하고 눈물이 나왔다. 친한 사람과 있어도 즐겁지 않았다. 잠들었다가 중간에 두세 번씩 깨는 건 기본이었다. 하루에 네 시간 이상 자지 못했다. 대화에 집중하지 못하고 건망증이 생겼다. 대화의 흐름을 놓칠 때가 많아졌다. 그는 내가 자신한테 제대로 미안해하지 않아서 대화에 집중하지 않는 것이라며 짜증을 냈다.

+++++
**정서적 학대,
가스라이팅**

나는 가스라이팅을 당하고 있을까?

아래 20개의 항목에 나타난 경험이나 기분이 모두 누군가에게 조종당할 때만 나타나는 것은 아니다. 하지만 만일 해당하는 항목이 하나라도 있다면 가스라이팅일 수도 있다는 사실을 유념하자.♥ (⭕ 표시는 당시 내가 체크한 것.)

1. 지속적으로 자신이 어떤 사람인지 곰곰이 생각하게 된다. (⭕)
2. 하루에 열두 번도 더 자신에게 묻는다. "내가 너무 예민한가?" (⭕)
3. 직장에서도 자주 혼란스럽고 얼빠진 느낌이 든다. (⭕)
4. 항상 어머니, 아버지, 애인 또는 직장 상사에게 사과한다. (⭕)
5. 자신이 애인, 배우자, 직원, 친구 혹은 딸로서 충분한 자격이 있는지 자주 의문을 갖는다. (⭕)
6. 여러 면에서 잘 살고 있는데도 왜 행복하다는 생각이 들지 않는지 이해할 수 없다. (⭕)

♥ 로빈 스턴, 신준영 역, 『그것은 사랑이 아니다』 알에이치코리아, 2018, 35-36쪽.

7... 옷을 사거나, 아파트에 가구를 들여놓거나 혹은 개인적인 물품을 살 때 스스로 어떻게 느끼는가보다 배우자가 좋아할 것인가를 먼저 생각한다. ( )

8... 배우자의 행동에 대해 친구나 가족 앞에서 자주 변명하게 된다. (O)

9... 배우자에게 설명하거나 변명하기 싫어, 친구들과 가족에게서 들은 정보나 이야기를 전하지 않는 자신을 발견하게 된다. (O)

10... 무언가 굉장히 잘못됐다는 것을 안다. 하지만 그것이 무엇인지 자신에게조차 설명할 수가 없다. (O)

11... 상대방이 윽박지르는 것을 피하고 상황이 꼬이는 것을 피하기 위해 거짓말을 하기도 한다. (O)

12... 간단한 결정을 내리는 것도 어렵다. (O)

13... 사심 없는 화제를 꺼내는데도 두 번 생각하게 된다. (O)

14... 배우자가 집에 오기 전에 그날 잘못한 일은 없는지 머릿속으로 점검한다. (O)

15... 예전에는 스스로가 훨씬 자신 있고, 삶을 즐기고, 여유 있는 사람이었다는 느낌이 든다. (O)

16... 배우자를 화나게 만들 것 같은 이야기는 다른 사람을 통해 전달한다. ( )

17... 어떤 일도 제대로 할 수 없을 것 같다는 느낌이 든다. (O)

18... 아이들이 배우자로부터 당신을 보호하기 시작한다. ( )

19... 전에는 좋은 관계였던 사람들에게 화를 내는 자신을 발견한다. ( )

20... 인생에 낙도, 희망도 없다는 느낌이 든다. (O)

그는 언변이 화려했다. 다툴 때면 이런저런 근거를 대며 항상 내게 책임을 물었다. '사람들에게 물어보라'며 자신은 누가 봐도 떳떳하게 행동한 데 반해 나는 잘못해놓고 잘못한 줄도 모른다고 비난했다. 내가 잘못을 인정하지 않는다고 말했다. 나를 이상한 사람으로 만들었다. 그는 소위 멀쩡한 대학을 나와서 멀쩡한 일을 하고 있었으며 자기 분야에서 나름 인정받고 있는 사람이었다. 그런 그가 근거 없이 나를 비난한다고 의심할 수는 없었다. 이유가 있으리라 생각했다.

돌아보면 나는 '그의 영향력 행사' 아래 있었던 것 같다. 앞에 나온 가스라이팅 자가진단 리스트에 있는 스무 개의 항목 중, 나의 경우는 무려 열다섯 개의 항목에 해당했다.

가스라이팅gaslighting은, 의도적으로 상황을 조작해 상대방이 스스로를 의심하게 만들어 판단력을 잃게 하는 정서적 학대 행위를 뜻하며 '심리 지배'라고도 한다. 보통은 친밀한 관계에서 발생하는 정서적 학대로, 이 개념을 최초로 규정하고 연구활동을 해온 로빈 스턴은 "가스라이팅은 자신이 항상 옳다고 여기며 자존심을 세우고 힘을 과시하는 '가해자(가스라이터)'와 상대방이 자신의 현실감을 좌우하도록 허용하는 '피해자' 사이에 일어난다"고 설명한다. "피해자는 가해자를 이상화하고, 그의 인정이나 사랑, 관심이나 보호 등을 받기 위해 가해자가 자신의 생각이나 행동에 영향력을 행사하도록 허용한다"는 것이다. 또 그는 피해 상담을 하면서 "주로 남성이 가해자이고 여성이 피해자인 경우가 흔하다"는 사실을 확인할 수 있었다고 한다.♥

가스라이팅은 연인이나 가족 등 친밀한 관계에서 발생하며 오랜 기간에 걸쳐 서서히 일어난다. 사랑하는 사람이 확신을 가지고 이야기할 때, 특히 그 말 속에 어느 정도 진실이 담겨 있다면 이를 신뢰하지 않기가 대단히 어렵다. 가해자는 사실에 대한 부정, 모순된 표현, 비난 등을 통해 상대방으로 하여금 자신의 판단력을 스스로 의심하게 만든다. 가스라이팅을 당하는 사람은 시간이 지날수록 자신을 믿지 못하게 되며 가해자에게 정신적으로 의존하게 된다.

그는 자신이 질투심 많고 불안정하며 강박관념에 사

♥ 로빈 스턴, 신준영 역, 『그것은 사랑이 아니다』, 알에이치코리아, 2018, 31쪽.

로잡혀 있다는 것을 전혀 고려하지 않았다. 오히려 그는 내가 이기적이고 자기중심적으로 굴기 때문에 우리가 싸우게 된다고 주장했다. 그러면서 내가 이를 인정할 때까지 화를 풀지 않고 정색했다. 자신의 뜻에 따르지 않을 때마다 나를 이기적이라고 비난했다. 내가 가스라이팅에 좌우되지 않는 사람이었더라면, 그가 나에게 한 것처럼 근거 없는 비난을 퍼붓더라도 '뭐래' 하며 무시할 수 있었을지도 모른다. 하지만 나는 사랑하는 연인이 나를 형편없는 사람으로 바라보는 것을 견딜 수 없었다. 나는 그런 사람이 아니라며 그의 생각을 바꾸려고 애를 썼다. 이런 말다툼은 그와 만나는 기간 내내 끊임없이 반복됐다. 점점 지쳐갔다.

지속적으로 가스라이팅에 노출된 피해자는 가해자에게 좋은 사람으로 보이고 싶은 마음 때문에 가해자의 견해를 능동적으로 선택한다고 한다. 피해자는 그래야만 자신감을 높일 수 있고 자신이 세상에 존재하는 의미를 찾을 수 있다. 어느 순간부터 나는 그의 생각을 받아들이고, 그가 말한 기준에 맞춰 내 행동을 바꾸려고 노력했다. 내 안에 숨어 있을지 모를 조그마한 이기심도 찾아내 반성했다. 인간이라면 누구나 자기 입장에서 생각하고 자신의 감정을 고려하는 법인데, 나는 당시 그런 기본적인 인간 본성도 스스로 억누르고자 했다.

여성학자 정희진은 아내폭력 피해자들도 이와 비슷한 사고의 흐름을 따른다고 말한다. 피해자들은 자신의 잘못 때문에 폭력을 당했다고 생각한다. 차라리 '맞을 짓'을 해서 맞았다는 사실이 그냥 맞은 것보다는 그들의 자존감을 지켜줄 수 있다고 생각하기 때문이다. 이러한 인식은 일방적인 희생자가 되지 않기 위한 전략이다. 일반적인 폭력의 피해자들은 폭력의 이유를 가해자에게서 찾지만, '아내폭력'의 피해자들은 많은 수가 자신에게서 원인을 찾는다.♥

이것이 바로 친밀한 관계에서 일어나는 폭력의 무서운 점이다.

♥ 정희진, 『아주 친밀한 폭력』, 교양인, 2016, 182쪽.

5개월

깨달음

이건 정상적인 관계가 아니야

내가 시작했다고 하지만 그도 상처받고 나도 상처받고. 둘 다 서로 너덜너덜해졌다. 이건 정상적인 연인관계가 아니다. 원래 100일 이후에도 폭언이 있으면 헤어지려 했는데 못 헤어지고 있다.

헤어지는 것을 두려워 말자. 이 상태가 지속되는 것이야말로 제일 두려운 일이다.

나는 자기중심적이고, 그는 막말과 폭언이 심하다. (그는 옳고 그름에 엄격한 것이라 하지만.) 그의 말대로 내가 기본적인 인간존중부터 해야겠지. 그런데 솔직히 난 그의 단점을 받아주지 못하겠다. 오래가려면 서로의 단점을 받아줄 수 있어야 한다는데. 서로의 단점이 서로에게 너무 큰 상처를

준다. 그만두는 게 제일 좋지 않을까. 그도 나 때문에 상처받는다는데.

이 상태로는 오래 못 간다. 끝이 보인다. 이혼보다 파혼이 낫고 파혼보다 이별이 낫다고 하던데. 차라리 혼자일 때가 훨씬 행복했다. 난 원래 밝고 잘 웃었는데 요즘은 매일 운다. 지쳐 있다. 그를 생각하면 행복하기보다 힘들고 눈물이 난다. 내 생각을 솔직히 말하자. 서로를 있는 그대로 받아들이고 맞춰갈 수 있으면 만나는 거고, 아니면 헤어지는 거지. 비난받는 게 힘들다. 차라리 누군가와 만나지 않으면 상처를 주지도 받지도 않고 잘 살 수 있는데. 지금은 너무 괴롭다.

―5개월 차에 쓴 일기

그가 100만큼 잘못하고 내가 1만큼 잘못했을지라도 그가 1에 대해 비난하면 나는 사과했다. 그가 자신이 잘못한 100에 대해 가벼운 말 한마디로 사과하고 넘어가더라도, 나는 내가 이기적이지 않음을 증명하기 위해 그를 용서하고 넘어갔다. 내가 그가 지적한 부분을 고치면 그와 싸우지 않게 될 줄 알았다.

그런데 이상하게도 그의 폭력은 심해지면 심해졌지, 줄어들 기미가 보이지 않았다. 비탈길을 내려가는 눈덩이처럼 조그마했던 다툼이 어느새 감당할 수 없을 정도로 커졌다. 그와 싸운 날이면 그가 했던 행동과 말을 곱씹으며 일기를 썼다. 쓰면서도 그가 왜 화가 났는지 납득되지 않았다. 이것은 정상적인 연인관계가 아니라는 생각이 강하게 들었다. 진지하게 그와의 이별을 고민했다.

한번은 그가 병원에 가는 날이었는데도 내가 신경도 안 쓰고 친구들과 놀러 다녔다며 화를 냈다. 내가 미안하다고 메시지를 보내고 전화했지만, 그는 친구들과 있을 때는 신경도 안 쓰다가 헤어지고 나서야 전화한다며 나를 비난했다. 내가 친구들과 만나는 중에도 그가 화난 것 같아 중간중간 연락을 시도했지만 어긋났다. 이 점을 얘기하자 그는 그러면 내가 집에 도착하는 시간이라도 그에게 알렸어야지, 자신이 내 전화만 기다리고 있어야 하냐며 화를 냈다.

사실 무슨 큰 수술을 받는 것도 아니었다. 그가 병원 가는 날이면 챙겨줄 때도 있었고 못 챙겨줄 때도 있었다. 하지만 그는 내가 항상 챙기지 못했던 것처럼 나를 매도했다. 내가 못 챙겨준 건 미안한데 이렇게까지 화낼 일은 아닌 것 같다고 항변하자 그는 다른 사람들한테 물어보라며 나를 도덕심이 부족한 사람으로 몰아갔다. 그러고는 내가 그에게 반박했다고 더 화를 내며 막말을 쏟아내기 시작했다. "너 이따 만나면 싸대기 때리고 싶을 정도로 화가 난다", "인간 같지도 않다", "너 그거 정신병이다" 등의 말을 내뱉으며 분노를 표출했다.

전화기 너머로 물건을 던지는 소리가 났다. 그는 내가 준 선물을 버리고 있다며 공포감을 조성했다. 나중에는 전 남친이 아플 때는 어떻게 했냐며 내가 또 차별한다고 주장했다. 내가 건넸던 메신저 복원 파일에서 '병원'을 검색해보더니 내가 전 남친이 병원 갈 때는 잘 다녀오라는 메시지를 썼다면서, 역시 자신을 차별한 게 맞다고 소리쳤다. 욕설을 퍼부어댔다. "몸 팔면서 남자 만난다", "남자하고 붙어먹는다"라며 수치심을 주는 말도 서슴지 않았다.

밤 10시에 시작한 통화는 새벽 3시까지 이어졌다. 그는 내가 차별이 맞다고 인정할 때까지 몰아붙였다. 그에게 사과해야만 끝나는 싸움이었다. 너무 늦었으니 다음날 통화하자고 해도 "왜 너 되는 시간에만 통화해야 하냐"며 졸리면 세수하고 오라고 소리를 질렀다. 내가 잘못했다고 미안하다고 수십 번이고 사과하고 나서야 그는 잠잠해졌다. 그제야 그는 이제 그만 자도 된다고 '허락'했다.

다음 날 그는 욕한 것은 미안하지만 자기가 화낼 만했다고, 내가 먼저 자기를 속상하게 했기에 어쩔 수 없었다고 변명했다. 나는 그가 다른 사람에게 물어보라고 한 간밤의 말을 따라, 가까운 직장 동료에게 그와 나 사이에 있었던 일을 털어놓았다. 물론 그가 내게 어떤 말로 화를 표출했는지는 숨긴 채. 그리고 나는 동료에게 내가 무엇을 잘못한 것으로 보이는지 물었다. 어째서 그가 전 남친과 차별받는다고 생각하는지, 왜 나를 믿지 못하는지도 자세하게 설명했다. 제대로 맥락을 밝히지 않으면 나중에 그가 '내가 왜 화가 났는지 네 직장 동료가 제대로 이해하지 못한다'라고 반박할 것 같았다.

처음으로 다른 사람에게 그와의 관계에 대한 고민을 털어놓은 날이었다. 동료는 그가 내게 전 남친과의 메신저 대화 내용을 복원하게 했다는 대목에서 기겁했다. 말하는 나조차 스스로 부끄러웠다. 그가 내게 쏟아낸 폭력적인 언행에 대해서는 말하지도 못했다. 차마 입이 떨어지지 않았다. 내가 그런 취급을 받는다는 사실을 밝힐 수 없었다. 그런 사람을 만나는 나를 이상하게 생각할 것만 같았다.

"너 잘못한 거 하나도 없는데? 그 사람 좀 이상한 것 같아. 무슨 그런 일로 새벽까지 싸워?"

동료는 나를 걱정스러운 눈초리로 쳐다봤다. 나도 그를 왜 만나는지 회의감이 들 정도인데 듣는 사람은 오죽했을까. 동료와 헤어지고 집에 가는 길에 그에게 전화가 왔다. 동료와의 대화에 대해 얘기할지 고민하다가 어제 당한 것이 억울한 마음에 입을 열었다.

"오빠, 어제 우리 싸울 때, 사람들한테 물어보라고 했잖아요. 오늘 직장 동료랑 얘기해봤는데, 어제 있었던 일이 그렇게 화낼 일은 아닌 것 같대요."

"그 직장 동료는 네 편이고 네 입장에서 들었으니까 당연하지. 그리고 그걸 얘기했다고?"

"오빠가 한 말이나 행동에 대해선 얘기 안 했어요. 그냥 상황만 설명한 거예요."

"하······. 네 직장 동료한테 내 평판이 어떻게 되겠냐. 난 주변 사람들에게 너와 있었던 일을 말하더라도 내 문제점을 고치고 좀 더 잘해보려고 조언을 구해. 근데 넌 그게 아니라 너 편해지려고 말하는 거잖아."

후에 그는 자신도 직장 동료들한테 물어봤더니 화낼 수 있는 일이라고 반응했다면서 '네가 자기중심적으로 유리하게 말한 거 아니냐'고 나를 추궁했다.

  그와 더 싸우고 싶지 않아 겉으로는 수긍했지만, 내가 잘못했을지도 모른다는 생각이 점차 흔들렸다. 그는 도저히 납득할 수 없는 이유를 대며 화를 냈다. 내게 소리치고 물건을 던지고 욕을 하면서 '화가 났으니 그럴 수도 있다'고 당당했다. 그 정도의 분노를 받아내는 것은 잘못한 사람이 감수해야 할 일이라고 했다.

  그러나 나는 그렇게까지 잘못하지 않았다. 설사 내가 아무리 잘못했더라도 넘어서는 안 되는 선이라는 게 있었다. 그가 정상이 아니라는 생각이 점차 분명해졌다. 더 행복해지려고 연애하는 것인데 나는 더 불행해졌다. 싸울 때마다 진작 헤어지지 못한 것을 후회했다. 그와의 다툼이 지긋지긋했다.

내가 원했던 행복한 관계를 돌이켜 그려보면, 그와의 관계는 거의 정반대였다. 그는 화가 나면 분이 풀릴 때까지 몇 시간이고 내게 소리치고 욕설을 내뱉었다. 그전까지 어디에서도 한 번도 들어보지 못했던, 차마 입에 담을 수도 없는 말들이 내게 쏟아졌다. 그리고 그는 모든 것을 내 탓으로 돌렸다. 자기가 화난 것은 내가 이기적이고 그를 배려하지 않았기 때문이라고 했다. 내가 사과하고 화를 달래주어야만 그는 잠잠해졌다.

그는 나의 사소한 행동 하나하나, 말 한마디에조차 끊임없이 트집을 잡았다. 나는 그의 눈치를 보며 조심히 행동했다. 그를 생각하면 미소가 아니라 눈물이 나왔다. 그를 만나기 전, 자존감 높고 잘 웃던 내가 그리웠다. 큰 근심거리 없이 무사하게 지나가던 날들이 어느새 고통과 자책과 우울로 뒤덮여버렸다.

+++++
사랑인가 폭력인가

처음 보는 사람이 내게 말을 건다. 갑자기 나에게 소리를 치고 욕을 한다. 화가 난다며 바닥에 물건을 던진다. 자신을 따라오라며 팔을 잡아끈다. 누구나 도와달라고 소리를 지르고, 경찰에 신고할 것이다. 그는 가해자이고 나는 피해자이다. 주변에 있던 사람들도 내가 당한 게 폭력이라고 생각한다.

하지만 처음 보는 사람 대신 연인을 대입하면, 같은 상황인데도 판단이 달라진다. 그의 행동이 잘못됐다고 생각하지만, 한편으로는 그가 왜 화를 내는지 고민하게 된다. 내가 혹시 말실수한 게 있는지, 그를 서운하게 했는지 되짚어본다. 그의 폭력적인 행동에 이유가 있을 것이고, 심각한 이유가 있다면 저렇게 행동할 수도 있다고 이해하려 한다.

지켜보는 제삼자도 마찬가지이다. 모르는 사람들끼리라면 신고할 상황이지만 연인 사이기에 지나친다. **'사랑**

싸움'이라고 여긴다. 가해자도 우리는 연인 사이라고, 잠시 다투고 있을 뿐이라고, 당당하게 말한다. '사랑'과 '싸움'. 과연 이 두 단어가 데이트폭력을 설명할 수 있을까?

우리는 **'사랑'**이라는 말로 폭력을 정당화한다. 그는 항상 내게 사랑한다고 말했다. 누군가를 이렇게까지 좋아해본 적은 처음이라고, 자꾸 욕심이 난다고 했다. 그는 내게 폭력을 가하면서도 사랑을 말했다. 나를 너무 사랑해서 내 행동 하나하나에 의미를 부여하게 되고 또 오해하게 된다고 말했다. 자기는 나를 너무 사랑하는데 내가 자신을 바라보지 않는 것 같아 화가 난다고.

"너를 많이 사랑해서 그래."

"다 너를 위해서야."

"사랑한다면서 이것도 못 해줘?"

데이트폭력 가해자들이 폭력을 행사하면서 주로 하는 말이다. 연인을 사랑하니까 마음대로 할 권리가 있다고 생각한다. 우리 사회에서 데이트폭력은 '사랑'을 명목으로 은폐되고, 이해받고, 정당화된다.♥

♥ 손문숙·조재연, 「데이트폭력 피해 실태조사 결과와 과제」, 한국여성의전화, 2016, 34쪽.

2017년 한국데이트폭력연구소에서 실시한 설문조사 결과(복수 응답으로), 데이트폭력 피해를 경험한 여성이 이후에도 연인과 관계를 유지한 이유에 대해 "20대에서는 '헤어질 만큼 폭력이 심하지 않아서'와 '노력하면 변할 것이라 믿어서', '여전히 사랑했기 때문에'라는 응답이 46.2%로 가장 많았"고 "30대에서는 '헤어질 만큼 폭력이 심하지 않아서'와 '좋게 해결하고 싶어 단호하게 끊지 못해서'라는 응답이 57.1%로 가장 많았고, '나도 갈등의 원인일 수 있어 한쪽에만 책임을 물 수 없어서'라는 이유도 42.9%인 것으로 조사"됐다.♥

이를 볼 때, 상대에 대한 믿음과 사랑이라는 감정이 관계중단의 의지와 행동을 무력화시키는 것을 알 수 있다.

'사랑'은 가해자와 피해자에게 다르게 작용한다. 가해자는 피해자를 '사랑'하기 때문에 '폭력'을 행사하지만, 피해자는 가해자를 '사랑'하기 때문에 그를 '용서'한다. 그러나 결과물이 폭력인데 그것을 사랑이라 부를 수 있을

♥ 김도연·이기연·이종현, 「2017 한국데이트폭력연구소 연구보고서_데이트폭력 피해 및 실태조사 결과」, 36쪽.

까? 한쪽의 일방적인 희생과 이해만 요구한다면 과연 그 것을 사랑이라 부를 수 있을까? 가해자를 사랑하는 피해 자는 보통 가해자를 '그것만 빼면 참 괜찮은 사람'이라 여 긴다. 이미 폭력이 심각하게 진행된 상태인데도, 이보다 더 심한 경우도 많은데 이 정도면 심하지 않은 거라고, 항 상 폭력을 쓰는 것은 아니라고 생각한다.

'싸움'은 한쪽이 일방적으로 당하기보다 서로 다투고 있는 상황을 전제한다. 두 사람이 크든 작든 어느 정도 서 로 잘못이 있다고 간주한다. 큰일이 아니라 사소한 일로 여긴다. 어른들은 아이들끼리 '바보'라고 놀리거나 서로 맞다고 우길 때면 싸우지 말고 화해하라고 한다.

특정 행동, 특정 현상을 정의하는 용어는 시대에 따라 새롭게 등장한다. 제대로 정의된 용어는 그동안 인지하 지 못했던 행동의 본질을 깨닫게 한다. '아동학대'는 사 랑의 매로 포장된 부모의 무자비한 체벌을 '학대'라고 인 식하게 했다. 자식에게 폭력을 가한 부모는 가해자가 된 다. '싸움'과 '폭력'의 차이는 크다. 폭력은 그냥 넘어가면 안 되는 심각한 사건이다. 피해자의 저항은 쌍방과실이 아니라 정당방위이다. 당사자들끼리 해결할 수 있는 일 이 아니라 제삼자의 개입(공권력)이 필요한 사건이다.

그는 전화 통화하는 것을 좋아했다. 하루 평균 서너 시간씩 통화하곤 했다. 나는 버거울 때도 있었지만, 피곤하니 다음에 통화하자는 말 한마디 한 적이 없었다. 한번은 밤에 집에 들어가기 전에 밖에서 통화하는데 전화 통화가 생각보다 길어졌다. '이건 농담인데, 당신은 말이 너무 많은 것 같다'고 내가 웃으면서 말했다. 무려 7개월 만에 처음으로 통화 시간이 길다는 것을 돌려 말한 것이었다. 그러나 그가 기분 나빠하는 것 같아 곧바로 사과했다. 통화를 마치고서 나는 다시 한번 미안하다는 메시지를 남기고 잠들었다.

다음 날 그는 내게 전화해 진짜 미안한 게 맞냐며 출근길 내내 소리를 질렀다. "진짜 미안하면 밤에 메시지를 남길 게 아니라 전화를 해야 하는 거 아니냐", "미안한 사람이 갖추어야 할 기본자세도 모른다", "넌 나한테 진짜 미안한 게 아니다", "넌 생각이 있는 거냐 없는 거냐"라며 비난했다. 다시 한번 사과했다. 하지만 그는 억지로 하는 사과는 듣고 싶지 않다며 화를 냈다.

문득 이게 그렇게 화가 날 일인가 싶어서, 분명히 농담이라 덧붙이지 않았냐, 사과도 바로 했으니 기분 풀라고 말했다. 하지만 그는 '내가 요즘 얼마나 잘하고 있는데 너한테 그런 말을 들어야 하냐'며 더 크게 소리를 질렀다. "씨발", "미친년" 등 쌍욕을 계속 내뱉었다. 무서웠다. 눈물이 나왔다.

그의 말에 동의할 순 없었지만, 내가 한 말이 상처를 줬다면 작더라도 잘못한 부분이 있으니 사과해야 한다고 생각했다. 내가 잘못했다고, 미안하다고 말했다. 하지만 그는 내가 직장에 도착해서도 자신이 지적했을 때 곧장 사과하지 않고 중간에 반박했다는 이유로 계속 윽박질렀다. 일하던 중간에도 몇 번씩 그의 전화를 받아야 했다. 빈 사무실에 들어가 전화를 받고 그가 풀릴 때까지 눈물로 용서를 구했다. 그는 그날 저녁이 되어서야 겨우 잠잠해졌다.

그것은 데이트폭력이었다. 하지만 당시 나는 그와 말다툼을 했다고 생각했다. 그가 나에게 쏟아낸 말과 행동은 내가 그에게 한 것과 비교도 안 되는데도 그때는 그가 나 때문에 화가 났으며 내가 시작하고 잘못한 것이니 내가 용서를 빌어야겠다고 생각했다. 그때는 그랬다.

'친밀한' 사이, '사랑하는' 사이란 명목은 상대방에게 과하게 감정 이입하며 그가 하는 얼토당토않은 말을 이해하게 한다. 피해자의 이해 속에서 폭력은 반복되고 강도는 더욱 심해진다. 다시 말하지만, **'사랑싸움'**이 아니라 **'데이트폭력'**이다.

사랑인지 폭력인지 헷갈린다면 그것은 폭력이다. 그가 나를 '사랑'하니까 이것은 '폭력'이 아니라고 생각했다. 내가 폭력이라고 말하면 그를 모함하는 것 같았다. 나를 사랑하는 사람을 의심하면 안 된다고 생각했다.

   그러나 아무리 상대방이 나를 사랑한다 할지라도, 내가 고통을 느낀다면 그것은 폭력이다. 그가 말하는 그의 감정이 아닌 내가 느끼는 나의 감정이 중요하다. 그와 만나는 기간 동안 나는 짧은 순간 사랑을 느꼈지만, 대부분은 폭력의 늪에 빠져 슬픔과 우울감에 휩싸여 있었다. 폭력의 기준은 '당한' 사람이다. 성희롱의 판단 기준에서 상대가 그럴 의도가 있었는지 여부보다 피해자가 성적 불쾌감을 느꼈는지가 더 중요한 것과 마찬가지다.

6~7개월

책임

헤어지고 싶지만 그가 불쌍하다

혼자 있을 땐 계속 부정적 생각이 든다. 이미 회생 불가능하게 상처를 받았다. 마음이 식은 것 같다. 그의 기본적인 성향이 욱하고 다혈질인 게 싫다. 그는 화나면 욕을 할 수 있는 사람이다. 그에 대한 신뢰와 기대감이 없다. 내 맘대로 할 수 있다면 헤어지고 싶다. 3개월간은 어쩔 수 없이 옆에 있을 뿐이다.

만날 땐 긍정적인 생각이 들기도 한다. 이렇게까지 나만 봐주는 사람이 있을까 싶다. 그도 불안해하는 게 느껴져 안쓰럽다. 하지만 나한테 그렇게까지 욕하고 함부로 대한 사람과 어떻게 미래를 꿈꾸나. 부정적인 생각이 훨씬 크다. 그가 자꾸 결혼 얘기를 꺼내는데 나는 아무 생각이 없다. 그냥 흐르는 물에 몸을 맡기는 것 같다. 그와 만나는 게 내 선택이

> 아닌 것 같아 괴롭고 혼란스럽다.
>
> ―6개월 차에 쓴 일기

그의 행동이 폭력적이며 일반적이지 않다는 걸 인식하기 시작할 무렵, 나는 그에게 헤어지자고 말하기 시작했다. 그럴 때면 그는 화를 내다가도 인정에 호소했다. 자신의 직장 동료들한테 자신의 잘못을 얘기하고 조언을 구했다며 반성하는 모습을 보였다. 여자친구에게 욕을 했다고 말했더니, 다 그를 탓했다고 전했다. '여자친구가 보살이라 헤어지지 않고 곁에 있는 것'이라는 말을 들었다며 자신이 잘못했다고 사과했다. "너같이 착한 사람은 없다", "그나마 네 덕분에 내가 똑바로 살아야겠다는 생각이 든다"라고 말했다. 이제야 우리의 갈등의 원인이 내가 아니라 그에게 있다는 것을 인정하는 것 같았다.

"날 고칠 사람은 너밖에 없어. 앞으로 잘할게. 날 고쳐서 써. 나처럼 헌신적인 사람 봤어? 폭력적으로 행동하는 부분만 고치면 누구보다 좋은 남자친구가 될 거야."

그렇게 말하면서도 그는 한편으로 본인이 지금처럼 망가지게 된 것은 나를 만났기 때문이라고, 나를 너무 사랑해서 이렇게 된 것이라고 나에게 책임을 돌렸다.

"네가 나에게서 떠나는 상상을 하면 불안해져. 그래서 자꾸 화를 내나 봐. 미안해."

그와 헤어져야겠다고 생각했지만, 당당하고 자존심 강했던 그가 매달리는 모습이 한편으론 불쌍했다.

어느 날은 그에게 앞으로 나한테 욕을 세 번만 더 하면 헤어지겠다고 말했다. 그렇게 기회를 주고 통하지 않으면 헤어져야겠다고 결심했다. 그렇게 하면 그도 헤어지자는 말에 수긍할 것 같았다. 하지만 잠깐뿐이었다. 그는 보름이 지나기 전에 두 번이나 한 시간 넘게 비난과 욕설을 퍼부었다. 그리고 한 번은 잠깐 욕을 하고 바로 사과했으니 봐달라고 해 0.5번으로 치기로 했다. 총 2.5번이라는 것을 그도 숙지하고 있었다.

그날도 여느 때처럼 사소한 일로 다툼이 시작되었다. 한 음악

앱에 아이디를 새로 만들고 음원을 다운받으면 스트리밍이 한 달간 무료라며, 자신이 음원을 다운받을 테니 나더러 가입하라는 것이었다. 나는 앱으로 음악을 듣지 않아도 되니 가입하지 않겠다고 하자 그가 무시 받았다고 느꼈는지, 그의 말에 순순히 따르지 않아서 그랬는지 짜증을 냈다. 자신은 나를 위해서 영화도 예매하고 데이트 때문에 아이디 만든 것도 몇 번인데 나더러 그것도 하나 못 해주냐면서 이기적이라고 화를 냈다.

나는 그에게 그렇게 해달라고 부탁한 적이 한 번도 없었다. 그런데도 이것이 나를 공격하는 근거가 되었다. 그는 쌍욕을 하지 않았다뿐이지 온갖 모욕적인 말을 내뱉고 소리를 질렀다. "역겹다", "역시 이기적이고 개념이 없다", "네 주둥아리가 문제다", "이게 잘해주니까 버릇없어진다"라며 막말을 했다. 내가 무엇을 잘못했는지 하나하나 따졌다.

그날 찍힌 하루 통화 시간은 무려 열두 시간이었다. 그는 내게서 잘못했다는 사과를 듣고서야 전화를 끊게 해주었다. 너무 지치고 힘들었다. 끝내고 싶었다. 헤어지는 것만이 답이라고 생각했다. 이번엔 무슨 일이 있어도 헤어져야겠다고 생각했다. 헤어지기 위해 그에게 전화를 걸었다.

"오빠, 우리 그만 만나요. 오빠를 탓하는 게 아니라 우린 성격이 너무 안 맞는 것 같아요. 오빠가 자기는 다른 것 다 참아도 이기적인 건 못 참겠다고 했잖아요. 그런데 내가 이기적인 사람이라 힘들어하잖아요. 오빠가 하는 말들이 내가 들어야 하는 말이라고는 하지만, 나는 말에 잘 상처받는 사람이라 너무 듣기 힘들거든요. 안 만나는 게 서로한테 제일 좋을 것 같아요."

그는 항상 자신의 잘못 때문에 헤어지기는 죽어도 싫다고 했었다. 그래서 나는 성격이 안 맞는 것을 이유로 댔다. 실제로 당시에 나는 그의 가스라이팅에 길들여져 진짜 그렇게 생각했다. 그러자 그는 상황의 심각성을 깨달았는지 방금 전 통화와 달리 자상한 말투로 말하기 시작했다.

"무슨 일이야? 갑자기 왜 그래? 아까 통화가 속상해서 그래?"

"미안해요. 본래 세 번 더 욕하면서 싸우면 헤어지겠다고 말했었잖아요. 오늘 오빠가 쌍욕을 한 건 아니었지만, 더는 못 견디겠어요. 오늘 우리 통화하면서 싸운 시간이 아침부터 무려 열두 시간이에요."

그러자 그는 쌍욕을 하지 않았으니 괜찮을 줄 알았다고 변명했다. 길게 싸우는 것까지 내가 힘들어할 줄 몰랐다고 답했다. 그는 당황해하며 집 근처로 찾아왔다.

"나도 바뀌고 싶은데 그게 잘 안 돼. 나한테 시간을 줘. 지금은 욱하는 거 조절이 잘 안 되고 심리상태가 불안하니 내가 안정될 수 있게 옆에서 도와주라. 그동안 나한테 조금이라도 미안한 게 있었다면 앞으로 6개월만 더 조건 없이 만나자."

 나도 그에게 미안함이 없었던 건 아니었다. 그가 항상 말하던 대로 내가 믿음을 주지 못해 그가 불안해하는 것 같았다. 알겠다고 했다. 헤어지고 싶다고 두 달 내내 생각했지만, 지쳐 있는 상태에서 그가 내 죄책감이나 동정심을 유발하니 나로서는 거절하기도 힘들었다.

 그날 밤 '나는 왜 거절하지 못했을까' 후회하며 자책에 빠졌다. 나도 심리상태가 불안한데, 그와 헤어져야 내가 안정될 수 있는데, 그럼에도 그를 계속 만나야 한다는 사실이 너무 두려웠다. 나는 왜 휘둘리지? 나한테 못되게 구는 사람을 왜 만나나? 그렇게 나를 학대했는데도 마음이 약해져서 다시 만나기로 했다니, 스스로 멍청하다고 생각했다. 그렇다고 그에게 솔직한 내 마음을 털어놓을 수도 없었다. 그러면 그가 불안정해지고 서로 다툴 게 뻔했다. 나도 내 억울한 감정을 풀고 싶었다. 내가 제일 불쌍한데 지금 누구를 불쌍해하나 자괴감이 들었다.

 아무리 생각해도 이건 아닌 것 같아 다음날 그에게 문자를 보냈다. 어제는 분위기에 휩쓸려서 잘못 말했다고, 난 자신 없다고, 헤어지고 싶다고. 그러자 그는 어제 자신이 정말 큰 잘못을 했다며 더 악착같이 매달렸다. 한편으로는 네가 이런 식으로 자꾸 말을 바꾸고 헤어지자고 하니까 자신이 불안한 것이라고 내 탓을 했다.

"내가 화날 것 같으면 전화를 끊어버려. 내가 화날 때 하는 말은 나도 무슨 말인지 모르고 막 뱉는 말이야. 솔직히 내가 너한테 그렇게까지 말했는지 몰랐어. 나도 기억 못 하는 말이니까 한 귀로 듣고 한 귀로 흘려버려. 마음에 담아두지 마."

그는 자기가 나중에 마음이 진정되어 이성이 돌아오면 내 감정에 공감할 수 있다고 말했다. 전화를 끊어버리고 시간을 좀 두면 문제가 없을 거라 구슬렸다.

그는 폭력의 정도와 사랑의 크기를 연결시켰다. 자신은 원래 이렇게까지 폭력적인 사람이 아닌데 '너를 너무 사랑해서' 망가진 것 같다고 말했다. 내가 없으면 자신은 어떻게 살아갈지, 예전으로 돌아갈 수 있을지 모르겠다며 빌었다. 매달리는 그가 불쌍하게 느껴지지 않았다면 거짓말이다. 이런 상황에서 그를 떠나는 건 그에게 못할 짓을 하는 것 같았다.

그가 정상적으로 생활할 수 있도록 도와주기로 했다. 당장 헤어지지 않는 대신 6개월에서 3개월로 조건 없는 만남 기간을 단축하기로 했다. 그는 3개월이 지나면 내가 헤어지자고 해도 붙잡지 않겠다고 했다. 그의 말에 희망을 품었다. 지금껏 버텨왔으니 3개월만 더 참다가 깔끔하게 헤어져야겠다고 생각했다. 그 기간 동안 그가 안정을 찾을 수 있도록 최선을 다해야겠다고 생각했다.

아마도 그때의 나는 내가 이기적이라는 그의 비난이 틀렸다는 것을 증명하려고 했던 것 같다. 그를 참아냄으로써 말이다. 어쩌면 나는 나에 대해 만용을 부리고 있었는지도 모르겠다. 그래야 그에게 당당할 수 있었다. 그는 내게 끊임없이 폭력을 행하고도 당당했지만, 나는 조그마한 꼬투리도 잡히지 않아야 했다.

 그에게 최대한 선한 마음을 베풀고자 했다. 그는 나를 너무도 사랑하지만 사랑하는 방법을 모를 뿐이고 그런 그를 내가 '구원'할 수 있을 거라 착각했다. 그가 진지하게 반성하는 모습을 보일 때면 그를 변화시킬 수 있을 것 같았다. 책임감이 들기 시작했다. 내가 그의 부모나 교사도 아닌데 말이다. 그를 생각하면 고통스럽고 헤어지고 싶었지만 동시에 문제아를 둔 보호자의 심정으로 그를 품어야겠다고 생각했다.

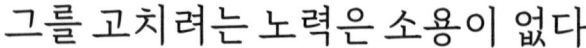

그를 고치려는 노력은 소용이 없다

> 그가 자신은 환자라고 한다. 자신에게 맞서 싸우지 말고 넘어가라고 한다. 자신이 화가 난 것 같으면 미안하다고 하는 게 최고의 방법이라 한다. 안 그러면 싸움이 걷잡을 수 없다고. 나중에 자기가 제정신으로 돌아오면 그때 내가 서운한 것을 이야기하라고 한다. 남자애들 다루듯이.
> 　적당히 화났을 땐 미안하지 않은 부분을 따져도 된다는데, 그가 많이 화나고 적당히 화난 것을 구분하는 게 어렵다.
> 　　　　　　　　　　　　　　　　　　—7개월 차에 쓴 일기

그는 폭력을 행사한 다음 날이면 다시는 그러지 않겠다고 매달렸다. 그 누구보다 로맨틱한 사람으로 변신했다. 아침에 찾아와서 직장에 데려다주고 선물 공세를 펼쳤다. 자신이 무엇을 잘못

했고 앞으로 잘하겠다며 구구절절 손편지를 썼다. 그렇게 쓴 편지가 30장 가까이 되었다. 자신의 잘못을 반성한다며 그의 부모님이나 지인들에게 조언을 들었다고 했다. 상담을 받으러 다니기도 했다.

하지만 소용없었다. 좀 나아지는 것 같다가도, 심기에 거슬리는 일이 생기면 이성을 잃었다. 나는 선물도 필요 없고, 잘해주려고 애쓰지 않아도 되니 화만 내지 말아달라고 부탁했다.

3개월의 약속을 염두에 두며 최선을 다해 그를 견뎌냈다. 자비의 천사처럼 그를 포기하지 않았으며 모든 수단을 동원해 그를 고쳐보려 했다.

전문 상담소에 같이 가서 커플 상담도 받았다. 폭력성에 관한 영상을 그에게 보내 그가 자신을 객관화할 수 있도록 했다. 충격요법으로, 그가 맨정신일 때 그의 욕설이 담긴 전화 녹음파일을 들려주기도 했다. 그가 화를 참기만 하는 것이 너무 힘들다고 해 일주일에 한 번 정도는 화를 내도 잘 달래고 문제 삼지 않고 넘어가기로 약속했다. 헤어지더라도 그를 어느 정도는 고쳐놓고 헤어지자고 생각했다.

한번은 '가스라이팅'에 관련된 책을 읽고 그에게도 권했다. 그의 성격이 이상하다고 여기고 있던 중에 가스라이팅이란 개념을 접하고서 그가 내게 하는 행동이 전형적인 가스라이팅이라는 것을 깨달았던 것이다. 그가 본인의 잘못을 깨달아 폭력을 멈추기를 바랐다. 그는 자신의 문제가 무엇인지 알겠다며 책을 읽고 정리한 독후감을 내게 보냈다. 자신을 포기하지 않은 데 대해 고맙다고 했다. 진심으로 사과하는 것 같았다.

그러나 이번에도 며칠뿐이었다. 그는 자신의 사과와 재발 방지를 위한 약속을 종잇장처럼 가볍게 여겼다. 내가 자신을 이상한 사람 취급한다며 화를 냈다. 적반하장으로 자신이 가스라이팅을 당하고 있다고 주장했다. 가해자는 자신이 아니라 너라고, 자신이 정서적 학대를 당하고 있다고 소리쳤다.

상담은 초반에는 효과가 있는 것 같았지만, 역시 폭력의 굴레를 끊어낼 순 없었다. 그는 자신의 성격을 고치겠다며 가정상담소에 가서 상담을 받았다. 그는 첫 상담을 받더니 우리가 싸운 건다 자신의 성격 탓이라며 내가 잘못한 건 하나도 없다고 했다. 헤어질까 봐 불안해서 내 행동 하나하나를 부정적으로 왜곡해 받아들이게 된다고 털어놨다. 부정적인 상황을 머릿속으로 상상하면서 이성을 잃었다고 말했다. 자신이 남들과 깊은 관계를 맺어본 적이 없어서 서툴다고, 갈등이 생기면 끊어버리고, 연애할 땐 갑질하면서 성격이 안 좋아진 것 같다고 고백했다.

나아지는 것 같았다. 그는 상담 선생님이 추천한 책을 열심히 읽었다. 상담이 있는 날이면 자신이 느낀 것을 나와 나누려 했다. 화내는 시간이 짧아지고 참으려고 하는 모습이 눈에 보였다. 숨통이 트일 것 같았다. 하지만 효과는 딱 3주였다.

그는 다시 그전처럼 화를 내기 시작했다. 자신이 상담받는다는 것을 오히려 무기처럼 사용했다. 한번은 내가 지하철에서 그의 전화를 받다가 그의 공격이 심해진 나머지 울어버린 적이 있었다. 사람들의 이목이 쏠렸다. 창피했다. 그는 내가 우는 것을 알면서도 계속 화를 냈다.

나중에 그에게, 내가 밖에 있을 때는 당장 화가 나더라도 좀만 참았다가 나중에 말해달라고 부탁했다. 그러자 그는 내가 밖에서 우는 것을 힘들어하는지 몰랐다며 자신은 정상이 아니니까 이해해달라고 했다.

상식이 통하지 않는 사람이었다. 그가 나 때문에 망가졌다지만 나는 도저히 감당할 수 없었다. 도저히 고쳐 쓸 수 없는 사람이었다. 내 업보인가 싶기도 하고 미칠 것만 같았다.

+++++
나는 왜 벗어나지 못했는가

 친밀한 관계에서 일어나는 폭력에 대해, 사람들은 흔히 피해자에게 묻곤 한다. 왜 폭력이 일어났을 때 진작 헤어지지 못했냐고, 왜 그렇게 당하고 있었냐고, 왜 그러고도 관계를 유지했냐고. 알면서도 만나는 너도 문제가 좀 있다는 눈초리를 보낸다. '완벽한 타인'에 의해 일어나는 폭력의 맥락을 그대로 적용하며 피해자를 의심한다.

 나도 내가 피해를 당하기 전까지는 그렇게 생각했다. 나는 폭력 상황에서 바로 빠져나올 수 있으리라고 생각했다. 하지만 친밀한 사이(연인, 배우자)에 의한 폭력은 일반적인 폭력과 결이 다르다. 연인은 '친밀한 관계'라는 명목으로 폭력을 용인하는 경향이 있다. 피해자는 가해자를 이해하려 하고 피해 사실을 주변에 알리기 꺼린다. 그가 나를 다른 사람들보다 더 사랑하니까 내게 더 크게 실망할 수 있고 화를 낼 수 있다고 이해하려 한다. 그를 용서하고 치부를 감싸주는 게 연인의 미덕이라 여긴다.
아내폭력을 설명하는 이론 중 '매 맞는 여성 증후군 Battered Woman Syndrome'♥이라는 개념이 있다. 피해 여성들은 다음의 네 가지 심리 단계를 겪으며 폭력의 굴레에 빠진다. 나 또한 이를 고스란히 겪었다.

1... 부인Denial 단계... 자신은 파트너와 아무 문제가 없음을 주장함.
2... 죄책감Guilt 단계... 파트너와의 관계에서 문제가 있음을 인정하지만, 그 원인을 자신에게 돌려 자신을 비난함.
3... 깨달음Enlightenment 단계... 피해 여성이 어떠한 이유에서라도 자신이 폭력을 당해서는 안 된다는 사실을 통찰함.
4... 책임Responsibility 단계... 파트너의 폭력 행동은 자신만이 스스로 노력하여 변화, 조절할 수 있다는 믿음을 보임.

♥ 이 용어는 1979년 미국의 심리학자이자 가정 폭력 연구소의 설립자인 레노어 워커 박사가 만들었다.

3단계 깨달음 단계에서 폭력의 굴레를 벗어나지 못하고 4단계 책임 단계로 넘어갔던 건 '이타적 망상' 때문이었다. 이타적 망상이란 폭력적인 파트너를 떠나지 못하는 과정에서 자신이 조금만 더 노력하고 희생하면 파트너의 폭력성을 변화시킬 수 있으리라고 믿는 비합리적인 신념이다. 이는 과대망상에 속하며 데이트폭력 피해자들에게 공통적으로 나타나는 특성 중 하나다.

피해자들은 데이트폭력을 지속적으로 겪으면서도 자신이 연인을 돕고 변화시킬 수 있는 유일한 존재라고 믿는다. 파트너가 변할 것이라는 믿음을 가지고 헤어지지 못한다. 파트너가 다시는 폭력을 행사하지 않겠다는 약속을 하게 되면 그것을 믿고 관계를 지속한다. 하지만 폭력은 중단되지 않고 지속되는 경우가 대부분이기 때문에 비현실적이라는 측면에서 이타적 망상이라고 부른다.♥

나도 그와 헤어지기보다 그를 변화시키기를 택했다. 그와 헤어지고 싶었지만 쉽지 않았기 때문에 선택한 차선

♥ 홍영오·연성진·주승희, 「여성 대상 폭력에 대한 연구」, 형사정책연구원 연구총서, 2015, 37~38쪽.

책이었다. 그는 자신이 변하겠다며 도와달라고 했다. 실제로 그는 조금씩 변하는 것 같았다. 여전히 폭력은 존재했지만, '덜 당한' 사실에 안도하고 그에게 고마움을 느꼈다. 조금씩 나아지는 모습에 희망을 가졌다. 그만큼 그를 더 오래 만났다. 하지만 시간이 지나자 그는 또 본래 모습으로 돌아왔다.

누군가 내가 겪은 것과 같은 폭력을 당했다고 하면 기겁할 텐데, 내가 그런 폭력 속에서 그에게 순응했다는 것을 나조차도 이해할 수 없다. 그때는 폭력의 굴레에 갇혀서 판단력을 상실한 것 같다. 장기간의 폭력에 노출된 피해자들은 정서적 취약성과 무력감에 빠진다. '폭력의 굴레 cycle of violence'는 다음과 같다.

1... 긴장 형성 단계... 피해자와 가해자 간 긴장감에 대한 압박감이 시작되는 시기.
2... 폭력 발생 단계... 피해자를 향한 잠재적 혹은 실제적 위협이 최대화되는 시기.
3... 화해 단계... 사과한 후 재발 방지를 약속하는 시기.

첫 번째 단계에서는 경미한 정도의 폭력이 발생한다.

피해자는 가해자를 진정시키려고 하지만, 오히려 이러한 수동성이 가해자의 폭력 성향을 더욱 강화시킨다고 한다. 두 번째 단계에서는 심한 정도의 폭력이 시작되며 피해자는 두려움과 위협 등의 감정을 느낀다. 세 번째 단계에서는 가해자가 폭력에 대해 사과하거나 뉘우침 또는 피해자에 대한 사랑을 표현하는 등의 행동이 이어진다. 가해자는 피해자에게 친절하게 대하며 다시는 폭력을 행사하지 않을 것이라는 약속을 하고 선물을 주기도 한다. 하지만, 어느 순간 1단계가 다시 시작된다. 폭력의 굴레를 반복하며 장기간 폭력에 노출된 사람들은 폭력에 둔해진다. 나 또한 세 단계를 고스란히, 수십 번도 넘게 겪었다. 폭력의 굴레는 반복될수록 강해졌다.

나는 누구에게 욕 한 번 해본 적도, 들어본 적도 없었다. 다른 사람들과 큰 갈등 없이 지냈다. 그런데 한 번도 들어보지 못했던 비난들이 연인의 입을 통해 쏟아졌다. 어떻게 대처해야 할지 당황스러웠다. 그를 달래기 위해 그가 문제시하는(다른 사람들은 문제 삼지 않고 넘어갈 만한) 것들을 큰 죄를 저지른 것인 양 사과했다. 그가 화를 낼 때면 사과하고 달래주는 게 상황을 빨리 끝낼 수 있는 길이었기에, 속으로는 내가 잘못했다고 생각하지 않는 경우에도 그가 말하는 대부분을 수긍했다. 그러나 이런 내 태도가 그에게 자신이 화낼 만했다는 잘못된 인식을 심어주었던 것 같다.

어느 순간부터 그의 폭력은 걷잡을 수 없이 심해졌다. 누군가 격하게 화내는 것을 드라마에서나 봤지, 실제로 제대로 본 적이 이전엔 없었다. 그것을 보게 되리라고, 심지어 그 대상이 내가 되리라고는 상상도 못 했다. 나의 부모님 두 분 사이에서는 그런 심한 말이 오간 적이 없었다. 두려움과 위협을 느꼈다.

   그와 거리를 두려 했다. 그는 사과하고 매달리며 다시는 그러지 않겠다고 했다. 그렇게 또 반복됐다.

결심

헤어지자고 할 때마다
폭력은 심해진다

내가 자꾸 헤어지자고 하니까 자기는 씹다 버린 껌이 된 것 같은 기분이 든다고 했다. 자기한테 왜 그랬냐 물어서, 내가 당신한테 잘 못 해주니까 씹다 버린 껌 느낌 안 들게 하려고 헤어지자고 그랬던 거라 말했다. 그러자 너 그런 이유로 헤어지자고 한 적 있었냐고, 너 지금도 또 헤어지고 싶다고 생각하는 거 아니냐고 추궁했다. 감추려고 했는데 실패했다. 솔직히 맞다고 하자 다시 싸움이 시작됐다. 어떻게 그런 생각을 또 했냐고, 못 해주니까 헤어지자는 막말을 하냐며.

    자기가 실수했지만 풀려고 이렇게 노력했으니 풀라는데 그러면 실수를 하지 말든가. 그 실수가 너무너무 고통스러운데, 계속 반복되는데. 노력으로 덮이지 않는데…….

    난 왜 이렇게 사나 싶다. 헤어지고 싶어도 헤어지지도 못하

> 고. 사귀는 내내 싸우고 울고 상처받고. 살아 있는 지옥에서 살고 있구나. 희망이 안 보인다. 2주만(3개월이 끝나는 시점) 어떻게든 버티고 깔끔하게 헤어져야지. 그때 마음 약해져서 연장하면 내 무덤 내가 파는 거다. 그와 더 이상 조금이라도 같이 있고 싶지 않다. 차라리 죽고 싶다.
>
> ―8개월 차에 쓴 일기

헤어지자는 말에 그가 반응하는 방식은 항상 똑같았다. 불같이 화를 냈다가도 언제 화를 냈냐는 듯이 사과하고 매달렸다. 최종적으로 이별하기 전까지 그에게 열 번 넘게 헤어지자는 말을 한 것 같다. 폭력의 정도가 심각할 때면 제발 헤어져달라고, 나를 좀 놔달라고 그에게 사정했다. 정 못 헤어지겠으면 6개월만이라도 떨어져 있다가 다시 만나자고 부탁했다. 당장의 고통에서 어떻게든 벗어나고 싶었다. 사랑은 상대방의 행복을 빌어주는 거 아니냐고 난 당신 옆에서 너무 괴롭다고 호소했다. 그러자 그는 그런 말은 위선자들이 하는 말이지 진짜 사랑이 아니라고 했다. 나를 놔줄 수 없다고 말했다.

그즈음 나는 그가 모욕적인 말을 하거나 소리치는 것까지는 참는 한이 있어도, 심한 욕설을 하고 신체적 폭력을 행사할 때면 헤어지자고 말했다. 그러면 그는 멈추기는커녕 더 심하게 화를 냈다.

고성과 욕설은 몇 시간이고 이어졌다. "내가 너한테 어떻게 했는데", "내가 잘못한 게 없는데 왜 너한테 이별 통보를 받아야 하냐", "너 때문에 내 인생 망했다"라며 소리를 질렀다. 내가 그를 보고 있지 않으면 자기를 보도록 내 얼굴을 세게 움켜쥐었다. 폭력 상황에서 벗어나기 위해 집에 가려고 하면 강제로 팔을 잡아당겨 억지로 차에 태웠다. 뒤 목을 잡아채고 눌러서 고개를 밑으로 숙이게 하고 그 상태로 끌고 다녔다. 헤어지면 내가 다니는 직장에 전화를 걸고 찾아가겠다고 위협했다. 내가 울고 고통스러워하는 건 안중에도 없었다.

그 상황에서 벗어나려면 이별 통보를 취소하는 수밖에 없었다. 헤어지자고 함부로 말해서 미안하다고 말해야만 그는 잠잠해졌다. 눈빛이 돌아왔다. 나를 끌어안았다.

"행복하게 해주고 싶은데 울려서 면목이 없어. 사랑해. 헤어지자는 말은 못 참겠어. 당신이랑 결혼하고 싶어. 나는 당신이랑 함께 있는 미래를 생각하고 노력하는데, 자꾸 벗어나려고 하니까 너무 불안해. 헤어지자고 함부로 말하지 마. 3개월은 참아주겠다며. 그렇게 약속 안 지키고 왔다 갔다 하니까 내가 불안한 거야."

제일 비참한 순간은 그다음이었다. 그는 폭력을 가하고 나면 꼭 성관계를 요구했다. 그는 다툼 후 사랑을 확인하는 과정이라 생각했겠지만, 그것은 강간이었다. 육체적·정신적으로 그에게 굴복한 상황에서 이루어지는 성관계는 폭력 그 자체였다. 지친 상태에서 그저 이 시간이 빨리 가기만을 바랐다. 내 몸이 '몸뚱어리'처럼 느껴졌다.

혼자 있을 때면 일기에 매번 '그때 헤어졌어야 하는데'라는 말을 반복해서 썼다. 극도의 스트레스 속에서 항상 불안했다. 전에는 두통에 시달린 적이 한 번도 없었는데 몇 주째 머리가 아파 죽을 것만 같았다. 생전 처음으로 두통약을 먹으며 고통을 달랬다. 깊게 잠들지 못하고 소화가 안 된 지 벌써 몇 개월이 지났다.

만나는 사람마다 '안 좋은 일 있냐' 또는 '아파 보인다'며 걱정 어린 말을 했다. 거울 속 내 모습이 불행해 보였다. 하루에도 몇 번씩 울컥했다. 죽으면 이 고통에서 벗어날 수 있을까. 그가 죽든 내가 죽든 둘 중 누군가 죽어야지만 끝날 것 같았다.

헤어지는 것밖에 방법이 없다

오빠, 나 솔직히 너무 힘들어요. 하루하루, 일주일, 한 달 버 텨내기가 힘들어요. 시간이 좀 지나면 오빠가 잘해줄 땐 잘 해주니까 지금 부정적인 감정이 옅어질 수는 있겠지만 난 지금 같은 순간이 또 오는 게 너무 두려워요. 싸울 때는 이보 다 더한 고통은 없을 것 같거든요. 싸울 때면 항상 내가 하는 말이 틀렸고, 내가 잘못 생각하는 거고, 내 생각만 하는 거라 고 하잖아요. 그렇게 윽박지르며 고성 지르는 걸 계속 듣다 보면 그냥 차라리 죽고 싶어요. 마치 고문당하는 것 같아요. 음…… 말로 계속 얻어맞는 느낌이에요.

물론 오빠가 나한테 잘해주는 것, 올인하는 것도 알아요. 그 것 때문에 지금까지 오빠를 못 떠났죠. 오빠가 자기도 힘든 데 그래도 날 계속 만나는 건 자기가 더 나은 사람이 되기 위해서라고 했잖아요? 아마 난 그러기 위한 도구겠죠. 근데 오빠, 나 그 역할이 정말 너무 힘들어요. 실은 어제 오빠한테 새벽 1시에 카톡 보내고 계속 깨어 있었어요. 이불에 울음소리 안 나오게 하고 울었어요. 울다 지쳤는데 머리도 아프니까 잠을 못 잤어요. 울음이 좀 잦아들면서 토, 일 사건 정리하고, 오빠가 한 질문에 답을 쓰다 보니 제대로 알겠더라고요. 오빠, 난 우리 관계에 기대감이 없어요. 헤어지고 싶다는 생각은 오래고 미래를 그리는 건 잠깐이에요. 오빠, 목요일까지 안 괴롭히기로 했으면서, 세 달은 만나기로 했으면서 이렇게 약속 못 지켜서 미안해요. 우리 그만 만나요. 어떻게든 세 달은 버티고 싶었는데 더 이상 버티는 게 의미가 없는 것 같아요. 나 이 이상은 한계예요.

아마 이걸 보면 또 얘가 자기 생각만 한다, 오빠가 나한테 당한 게 생각날 것 같기도 한데 나도 많이 당했으니 제발 나를 놔줬으면 좋겠어요. 나 오빠하고 처음 관계 맺었잖아요. 그리고 그 과정에서 못 들을 말 많이 들어서 관계에 대한 트라우마도 생겼어요. 두통도 생기고. 8개월간 계속 언어적, 신체적 공격을 받으면서 상처받고 울었어요. 어제 차에서 했던 것 때문에 이따가 산부인과 가서 사후피임약도 먹을 거예요. 그건 절대 임신 안 된다고 하겠지만 난 내 일이잖아요. 1퍼센트의 가능성이라도 차단하고 싶어요. 임신중절보다야 훨씬 낫죠. 사전피임약 먹으면서도 생리하기 전까지 초조하고 많이 걱정했었는데……. 어제 내가 오빠한테 피임도구 없이는 안 된다고 계속 말했잖아요. 왜 그랬나 싶은데 누굴 원망하겠어요. 휩쓸린 내 탓이지.

 우리 만남이 지속되는 데는 복합적인 이유가 있지만, 내가 쉽게 잊고 애매하게 자기중심적인 게 한몫하는 것 같아요. 완전 자기중심적이면 이미 헤어지고도 남았을 텐데 말이에요. 나 근데 버틸 만큼 버틴 것 같아요. 제발 헤어져줘요. 그래야 내가 살 것 같아요. 나 더 이상은 한계예요. 세 달은 버티려고 했는데 어제도 실패했듯이 오빠 말마따나 내가 헤어지고 싶은 감정을 못 감출 것 같고 다툼이 지속될 것 같아요. 나 조금이라도 더 싸우기가 너무 두려워요. 헤어지잔 말을 만나서, 안 되면 전화로라도 하는 게 예의겠지만, 그러면 그 전처럼 못 헤어질 것 같아요. 전화로, 또 만나서 헤어지자고 말했는데 다 거절당했었잖아요. 다음 날이나 다시 싸울 때는 그때 못 헤어진 걸 얼마나 후회했는지 몰라요.
  나 이제라도 그만 고통에서 벗어나고 그만 후회하고 싶어요. 오빠가 하는 거 아무리 봐도 폭력이에요. 오빠 마지막 질문이 오빠가 토, 일에 한 게 심한지 내가 일요일에 한 게 더 심한지 물은 거잖아요. 그 질문 의도는 둘이 비슷하다는 거겠죠? 일요일에는 오빠가 일찍 멈췄으니까요. 근데 나는 얼굴 움켜쥐고 차 문 세게 닫고, 물건 던지고, 혼잣말이라지만 욕하고 소리 지르고, 혼인신고서 싫다고 했는데 윽박지르면서 끝까지 강요한 게 내가 한 행동과 맞바꿔진다는 게 도저히 이해가 되지 않아요. 그건 범죄잖아요. 오빠가 내가 당한 게 더 크다고 생각하는 이상 평행선을 달릴 거라 했는데, 서로 이해되지 않을 바엔 헤어지는 게 최선이에요. 오빠가 '쟤가 뭔데 자기가 잘못해놓고 저래' 하고 느껴도 어쩔 수 없어요. 내가 느낀 생각이고 감정이에요. 난 큰 고민거리 없이 할 일 하고 친구들과 솔직하게 수다 떨고 했던 순간들이 너무 그리워요. 거울 봤을 때 슬퍼 보이는 게 아니라 밝은 얼굴을 한 내 모습을 보고 싶어요. 사랑한다면 그 사람의 행복을 빌어줘야 하는 거잖아요. 그전엔 싸워도 말만 헤어지자 하고 끊지 못했는데 나 지금 바로 오빠 차단할 거니까 제발 연락하지 말아주세요. 집 근처에 찾아오지도 말아요. 지금까지 만나는 건 오빠 마음대로 했잖아요.

찾아오면 오빠가 욕하고 협박한 내용, 통화 녹음한 것들, 카

> 톡 대화, 받을 때까지 100번 가까이 전화한 거 그대로 데이트폭력으로 신고할 거니까 절대 찾아오지 말고 날 좀 놔줘요. 제발요…….
> ―그에게 마지막으로 이별을 통보하며 보낸 메시지

그에게서 벗어나지 않는 이상 폭력의 고리를 끊을 방법은 없었다. 처음엔 사귀자고, 다음엔 성관계를 하자고, 그다음엔 우리 관계를 부모님께 밝히라고, 이제는 혼인증명서를 쓰라고 요구했다. 그러면 나의 진심을 믿고 본인이 잘하겠다고 했다. 하지만 그의 요구를 아무리 들어줘도 나아질 기미는 보이지 않았다. 오히려 폭력의 수위는 높아졌다. 그가 화를 낼 때면 '또 시작이구나' 생각했다. 그에게 아무런 기대가 없었다. 난 할 만큼 했다. 그는 날 잃는 게 제일 두렵다는데 난 그와 계속 만나는 게 제일 두려웠다. 지쳤다. 이 지난한 굴레에서 벗어나고 싶었다. 더 이상 그의 장단에 놀아나고 싶지 않았다.

3개월을 2주쯤 남겨둔 어느 날이었다. 그가 내게 꽃다발을 선물했고 나는 아직 우리 관계를 아버지밖에 몰라 집에 가져가기 곤란하니 우선 그의 차에 뒀다가 나중에 회사로 가져가겠다고 말했다. 그는 내가 자기를 소홀하게 대한다며, 자신과 언제든 헤어질 준비가 되어 있다며 기분 나빠 했다. 그에 대한 내 감정이 예전 같지 않은 걸 견디지 못했다. 내 감정이 식은 것이 그의 폭력에 지쳤기 때문이었음에도 그는 내 탓을 했다. 자신이 내게 해준 것에 비해 대접받지 못한다며 나를 비난했다.

그는 나를 믿지 못하겠다면서 혼인증명서 작성을 강요했다. 평소에 결혼하자는 말을 입에 달고 살던 그는 자신의 사랑을 증명해 보이겠다며 혼인증명서에 인적사항을 기록하고 서명하여 내게 건넨 적이 있었다. 그 혼인증명서에서 내가 채워야 할 내용들을 마저 채워서 갖고 오라는 것이었다. 법적으로 제출하진 않겠지만 그것을 갖고 있어야 안심이 될 것 같다고 했다. 내가 절대 안 된다고 완고한 태도를 보이자 그는 다시 폭력을 행사했다. 같이 타고 있는 차를 거칠게 몰며 위협했다. 내 얼굴을 움켜쥐고 짓눌렀다. 그게 할 말이냐고 내게 소리를 질렀다. 물건을 집어 던졌다.

그와 대화를 시도해봤지만 소용없었다. 그는 피해의식에 젖어 자신이 화난 원인을 나에게 돌렸다. 자신이 혼인증명서를 요구할 권리가 있다고 생각했다. 그는 이 문제로 주말 내내 내게 압박을 가했다.

도저히 그를 이해할 수 없었다. 그는 갱생 불가능한 사람이었다. 이번에는 무슨 수를 써서라도 그와 헤어져야겠다고 다짐했다. 2주만 더 버티면 끝나리라고 생각했지만, 이 상황이라면 내가 혼인증명서를 작성할 때까지 2주 내내 나를 괴롭힐 것이 뻔했다. 그 시간을 감내할 생각을 하니 끔찍했다. 한시라도 빨리 헤어져야 했다. 일단 작성하겠다고 그를 안심시키고 헤어졌다.

밤새 그에게 할 말을 정리했다. 그날 밤 처음으로 '데이트폭력'이란 단어를 검색해보았다. 그동안 그가 하는 행동이 폭력이라고 생각했음에도 나는 그것을 '데이트폭력'이라고 분명하게 명명하지는 못했다. 검색해보니, 그가 내게 가한 행동들이 데이트폭력 예시에 나온 내용과 정확히 일치했다.

밤새 정리한 장문의 메시지를 다음 날 그에게 보냈다. 데이트폭력 관련 자료를 캡처해 그에게 전송했다. 데이트폭력 가해자가 받을 수 있는 처벌도 같이 보냈다. 2주만 더 버텨보려 했지만 너무 힘드니 나를 이제 놔달라고, 폭력의 증거들도 다 보유하고 있으니 만일 내게 다시 연락하면 신고하겠다고 밝혔다. 그러곤 바로 수신 차단 버튼을 눌렀다. 이제껏 그를 수신 차단하는 건 꿈도 못 꿨다. 그가 자신을 차단했다며 길길이 날뛸 게 무서웠다. 한편으론 다른 연인들처럼 평범하게 헤어지고 싶은 마음도 있었다. 하지만 일단 말을 섞으면 그와 헤어질 수 없다는 것을 알고 있었다.

다행히 그의 행동이 폭력이라고 느낀 순간부터 그의 말이 심해질 때마다 통화 내용을 녹음해두었다. 수십 개가 되는 녹음파일에는 그가 내게 한 욕설을 비롯하여 온갖 모욕과 협박이 담겨 있었다. 여기에는 그가 내 나체를 찍은 사진이 수치스러우니 지워달라고 호소했던(그리고 그가 거부했던) 통화 내용도 포함되어 있었다. 휴대폰에는 내가 그의 전화를 받지 않았는데도 그가 연속해서 걸었던 100통이 넘는 통화기록이 찍혀 있었으며, 받으라고 협박한 문자 기록도 있었다. 게다가 그가 내게 보낸 편지에는 그가 한 폭력적인 행동들을 적고 스스로 인정한 내용이 적혀 있었다.

이외에도 데이트 초기부터 약 9개월간 그와 다툴 때마다 컴퓨터로 작성해 인터넷에 업로드한(날짜가 저장된) 자세한 일기와 기록이 100건이 넘었다. 그도 이 모든 사실을 알고 있었다. 그제야 그는 나를 놔주었다. 허무할 정도로 쉽게 끝이 났다.

후에 상담 선생님은 내가 그에게 보낸 마지막 메시지를 보더니 어떻게 비난 한마디 없냐고, 어쩌면 그리 착하게 구냐고 했다. 그에게 소리치거나 욕 한마디 하지 못한 게 후회되기도 했다. 그래도 혹시 나중에 경찰에 신고할 일이 생겼을 때, 내가 꼬투리 잡힐 것이 하나도 없다는 데 위안을 삼기로 했다.

+++++
안전이별은 가능할까

대중가요 가사 중엔 헤어짐을 받아들이지 못하는 남자들의 절절한 심정을 노래한 것들이 참 많다. 예전에 이 노래들을 접했을 때는 그런 가사들이 로맨틱하다고 여겼다. 그런데 이런 일을 겪고 보니 지금은 같은 노래라도 끔찍하게 들리는 경우가 있다. 어떤 가사들은 내가 헤어지자고 할 때마다 그가 내게 세뇌시키듯 되뇌던 말과 정확히 일치한다.

내가 그에게 헤어지자고 하면, 그는 난 너 없이 못 산다고, 절대 못 헤어진다고, 나 만나면서 자기 성격 다 망가졌는데 헤어지더라도 고쳐주고 가라고 매달렸다. 화를 내고 소리치며 폭력적으로 변했다. 내가 전화를 받지 않으면, 받을 때까지 계속 전화를 걸었다. '지금 당장 전화 받아', '나 열 받는 거 보고 싶어서 그래' 같은 문자들을 보냈다.

한 노래 가사에 나오는 남자는 '죽어도 못 보낸다'며

철저히 자신의 입장만 생각한다. 연인의 헤어지고 싶은 마음은 그에게 중요하지 않다. 자신은 죽어도 못 보내고, 헤어질 거면 자기 가슴 고쳐내라고 소리 지른다. 연인을 진정으로 사랑한다면 연인이 원하는 것을 받아들이고 행복하길 바라야 하는 것 아닌가? 그의 사랑은 철저히 자기중심적이다. 연인이 그 관계 안에서 슬퍼하는지, 고통스러워하는지는 고려사항이 아니다. 그런데도 이런 걸 '사랑'이라고 부르게 된 건 어쩐 일일까.

나는 그나마 곱게 헤어진 편이었다. 그는 본인의 경력을 소중히 여기는 사람이었다. 직장, 진로 등 잃을 게 많아서 그런지 신고하겠다는 말에 바로 나를 놓아주었다. 그동안 이별을 시도하며 겪은 고생들이 허탈하게 느껴질 정도로 쉽게 벗어났다. 안타까운 것은, 내가 겪은 일이 끔찍했음에도 내 경우보다 더 끔찍한 이별의 사례가 수두룩하다는 사실이다.

연인에게 이별을 통보했다는 이유만으로 협박·폭행·감금 등에 시달리고 심지어 살해되었다는 소식이 언론에 끊이질 않는다. '다시 만나주지 않으면 자살하겠다'면서 자해 시도를 하고 전 여자친구의 머리를 공업용 커터칼로 수차례 찌른 남성, '사귈 때 찍은 성관계 영상을 갖고 있다'라며 전 여자친구를 협박한 뒤 모텔로 데려가 성폭력을 저지른 남성, "잠깐 이야기 좀 하자"며 전 여자친구를 강제로 차에 태워 고속도로 위에서 난폭운전으로 위협한 남성 등 이별 후의 폭력 사건, 살인 사건은 하루 이틀 일이 아니다.

'안전이별'이라는 말이 있다. 많은 여성들이 연인과 이별함에 있어 자신의 안전을 걱정하는 것이 현실이다. 스토킹 피해는 예사이다. 받을 때까지 수십 통 넘게 전화를 건다. 집이나 직장으로 찾아가 당사자가 나올 때까지 기다린다. 차량에 강제로 태우기도 한다. 여성들은 두려움에 시달린다. 하지만 이런 행동들은 '떠나는 사랑을 잡기 위한 몸부림'이라며 범죄로 인식되지 않는 경향이 있다. 경찰에 도움을 요청해도 경범죄로 분류돼 실질적인 처벌이 어렵다.

피해자들은 헤어진 후에도 디지털 성범죄로 고통받는다. 언론 보도에 의하면, 디지털 성범죄 중 촬영물 유포 가해자의 40%가 전 남자친구였다고 한다.♥ 촬영물은 추

♥ 「사이버 성폭력, 영상 유포가 최다… 40%는 전 남친이 범인」, 《연합뉴스》 2018년 1월 26일 자.

후 협박의 도구로 사용되기도 한다.

가장 심각한 수준의 데이트폭력인 살인·살인미수는 이별을 통보하는 과정에서 주로 일어난다. 한국여성의전화에 따르면, 여성을 살해한 가해자가 밝힌 가장 큰 범행 동기는 '이별 통보'였다. 지난 6년간(2013~2018년) 약 371명(전체의 32%)의 가해자가 이별을 요구하거나 재결합 및 만남 요구를 거부해서 배우자나 연인에게 범행을 저질렀다고 말했다.♥

나 또한 '이별통보'를 할 때마다 평소보다 더 심한 폭력에 시달렸다. '왜 진작 헤어지지 않았어'라는 말은 데이트폭력 피해자에게 큰 의미가 없다. 피해자들은 보복이 두려워 헤어지지 못하는 경우가 많다.

'이별'이라는 단어는 가해자에게 폭력에 대한 서사를 부여한다. 너무 사랑해서 그랬다는 그들의 변명을 정당화한다. '연인'이란 특수성이 그를 이해하게 만든다. 그러나, '사람' 대 '사람' 사이에서 성립할 수 없는 행동은 '남자친구', '여자친구' 관계에서도 성립할 수 없다.

♥ 재재(조재연), 『분노의 게이지 10주년 포럼: 친밀한 파트너에 의한 여성살해』, 한국여성의전화, 2019, 10쪽.

그것은

폭력이다

사람들은 흔히 데이트폭력 가해자를 '이상한' 사람 취급하며 그런 이들이 '소수'인 것처럼 말한다. 대부분의 정상적인 사람들은 그렇지 않다고, 네가 사람을 잘못 만난 거라고 말한다. 그러나 그것이 아님을 알게 되었다. 데이트폭력은 나만의 '특이'한 경험이 아니었다. 굳이 드러내지 않아 모를 뿐이지, 매우 일반적인 현상이었다.

형사정책연구원에서 성인남녀 4천 명(여성 2천 명, 남성 2천 명)을 대상으로 실시한 전반적인 폭력 경험 실태 설문조사 결과를 살펴보면, 여성 두 명 중 한 명은 데이트폭력 피해를 경험한 적이 있다고 답했다. 여성의 53.5%(1,070명)가 심리적·정서적·신체적·성적 폭력에서 적어도 한 유형의 폭력 피해 경험이 있었다. 또한 남성의 57%(1,140명)는 '가해 경험이 있다'고 답했다.

만약 어느 학교에서 열 명 중 한 명꼴로 선배로부터 폭행을 당한다면, 그 누구도 이 문제를 맞은 학생과 때린 학생 간의 개인적인 문제로 보지 않을 것이다. 맞은 후배가 잘못했다고 하지도 않을 것이다. 때린 선배가 특별히 분노 조절을 못 하는 사람이라서 그랬다고 생각하지도 않을 것이다. 그는 후배가 만만하니까, '그래도 되니까' 폭력을 행한 것이다. 제대로 된 교육기관이라면 이를 선후배 간 권력 차이로 인한 폭력으로 해석하고 구조적 차원의 대책을 세울 것이다. 평등한 선후배 문화를 만들기 위해 노력할 것이다.

그러나 데이트폭력은 여성의 절반가량이 경험하는데도 여전히 둘 사이의 사적인 일로 간주되거나 가해자를 이상한 사람 취급하는 데 그친다.

이별 후

1개월

혼란

자책, 분노, 우울

"나, 드디어 헤어졌어요! 축하해주세요!"

헤어진 다음 날, 그에게서 벗어났다는 사실에 날아갈 것 같았다. 4개월 내내 소망했던 일이었다. 고민을 상담했던 직장 동료에게 찾아가 헤어졌다고 기쁜 소식을 전했다. 하루 종일 웃고 다녔다. 주위 사람들도 얼굴이 갑자기 폈다며 좋은 일 있냐고 물을 정도였다.

하지만 행복한 감정은 오래가지 않았다. 나는 다시 깊은 우울감에 빠졌다. 다음은 내가 그에게서 벗어나고 약 한 달 뒤 실시한 정신건강의학과 검사의 보고서 내용이다.

자기 보고식 검사를 통해서는 **바람직하지 못한 감정이나 문제들을 부인하면서 자신에게는 아무런 문제가 없고, 잘 지내고 있는 것으로 보고하고 있는 상태로, 따라서 스스로 부정적**

인 정서적 자극과 거리를 두면서 자신을 통제하려 할 수 있겠음. 현재로서는 임상적으로 주목할 만한 정서적인 어려움은 나타나지 않고 있으며, 일상생활에서의 활동 및 사회적 기능을 수행하는 데 있어서 뚜렷한 곤란이나 장애가 시사되지는 않는 상태임.

다만 심층적인 정서를 드러내는 로르샤흐테스트를 살펴보면 (…) 현재 상황적인 스트레스가 크며, 겉으로 표현되는 정도에 비해 anxious, insecure, unstable한 면이 나타나고 있음. (…) 이렇듯 **의식적인 수준에서는 부정적 정서들을 부인하면서 별다른 문제가 없는 것처럼 이를 어느 정도 통제하는 것으로 보이나 이런 통제가 다소 회피와 부인을 주로 사용하면서 fragile한 상태에 있는 것으로 추정됨.**

여전히 내적으로는 가해자에 대한 불안이나 두려움, 원망

이나 분노와 같은 감정들이 큰 상태로 보이고 (…) 속히 회복될 수 있도록 치료적인 개입을 받는 것도 도움이 될 것으로 사료됨.

그와 헤어지고 나서 제일 크게 느낀 감정 세 가지는 다음과 같다. 자책, 후회, 분노. 그런 사람을 만났던 내가 멍청했다고 자책했고, 그를 만난 모든 시간을 후회했으며, 내가 당한 폭력에 분노했다.

그를 만났던 때 느꼈던 우울함, 불안감은 헤어진 이후에도 지속되었다. 그가 했던 모욕적인 말이나 수치스러운 행동들이 머릿속을 맴돌았다. 차에 타서 운전대를 잡으면 운전 중 그가 나를 윽박지르고 비난하던 기억이 떠오르기도 했다. 집 주위를 걸으면 그의 외침이 가족들에게 들리지 않도록 밖에서 전화 받던 기억이 났다. 내가 당한 일들에 화가 났다. 시도 때도 없이 눈물이 났다. 괴로웠다.

그 사람 생각을 하면 욕부터 나왔다. 본래 혼잣말이라도 욕을 뱉지 않는 편이었는데, 한동안은 입에 욕을 달고 살았다. 그에게 직접 하지 못한 욕을 한풀이라도 하듯이. 그래도 그에 대한 분노의 감정이 사라지지 않았다. 그럴 때면 그냥 그가 죽어버렸으면 좋겠다고 생각했다. 그럼 내가 분노에 휩싸이지 않고 차라리 그를 동정이라도 할 수 있을 텐데. 내 안을 가득 채운 부정적인 감정에서 벗어나고 싶었다.

하지만 나는 이런 내면을 철저히 숨기고 겉으로는 티 내지 않고 멀쩡한 척 지냈다. 아무렇지 않게 직장 생활을 하고 사람들을 대했다. 누군가에게 속 시원히 털어놓고 싶었지만 그렇게 하지 못했다. 가까운 지인에게조차 입이 떨어지지 않았다. 아니, 오히려 가까운 지인이라 더 털어놓지 못했던 것 같다.

살고자 여성단체를 찾다

"하지만 그는 이런 이상한 집착만 빼면 모든 면에서 90점을 줄 수 있는 사람이었다. (…) 이런 장점에도 불구하고 그의 집착은 쉽게 넘어갈 수 있는 게 아니었다. 그는 점점 내가 하는 행동 하나하나를 의심하며 구속하려 했다. 말다툼이 늘어갔다. 그는 '자신은 나를 챙기는데 나는 자기를 너무 안 챙긴다'면서 내가 자기를 사랑하지 않는 것 같다고 말했다. (…) 그러던 어느 날, 그가 나에게 청혼을 했다. 결혼식을 올리기 싫으면 혼인신고라도 하자며 막무가내로 매달렸다. 그에게 내 입장을 말하자 그는 내가 자기를 사랑하지 않는 것 같다면서 또다시 시비를 걸었다. 그럴 때마다 그에게서 멀어지고 있는 나를 발견했다. 그의 집착이 점점 무서워졌다."♥

♥ 한국여성의전화, 『그 일은 전혀 사소하지 않습니다』, 오월의봄, 2017, 255쪽.

> 어쩜 이렇게 그 사람하고 판박이같이 똑같을까? 그는 우리의 관계를 세기의 사랑인 것처럼 포장하곤 했다. '폭력'을 '격정적인', '뜨거운' 사랑이라며 정당화했다. 하지만 우리의 관계는 전혀 특별하지 않았다. 전형적인 '친밀한 관계에 의한 여성폭력'일 뿐이었다.
>
> —그에게서 벗어나고 1개월 차에
> 『그 일은 전혀 사소하지 않습니다』를 읽고 쓴 글

'데이트폭력'을 검색하면서 발견한, 여성폭력 피해자들을 상담하고 지원해주는 여성단체에 전화를 걸었다. 나는 외상후스트레스장애PTSD에 대해 인지하고 있었고 내가 이를 겪게 되지 않을지 불안했다. 이 피해 경험이 계속 나를 따라다닐까 봐 두려웠다. 전문적인 도움의 손길을 바랐다. 낮아진 자존감을 회복하고 그를 만나기 전 건강했던 모습으로 돌아가고 싶었다. 여성단체 활동가와 통화를 하며 내가 겪은 게 데이트폭력이라는 확신을 가질 수 있었다. 대면상담을 신청하고 사무실에 찾아가기로 했다.

대면상담 시간을 기다리는 동안, 자구책으로 데이트폭력에 관한 자료들을 찾아봤다. 답답해서 가만히 있을 수 없었다. 데이트폭력을 다룬 영상을 찾아보고 여성의전화에서 발간한 「F 언니의 두 번째 상담실」이란 데이트폭력 자료집을 읽었다. 자료집에서 '힘이 되는 책' 목록에 소개된 책을 다음 날 바로 빌려왔다. 한국여성의전화에서 엮은 『그 일은 전혀 사소하지 않습니다』, 부제는 '아내폭력에서 탈출한 여성들의 이야기'였다.

가해자들의 행동이 어쩌면 하나같이 똑같던지. 읽다가 눈물이 나와 책장을 계속 넘기기 힘들었지만 읽기를 멈출 수 없었다. 그들의 이야기를 읽는 것만으로도 위로가 되었다. 정희진의 『아주 친밀한 폭력』, 로빈 월쇼의 『그것은 썸도 데이트도 섹스도 아니다』를 읽으며 남성을 가해자로, 여성을 피해자로 만드는 현 사회구조를 인식할 수 있었다. 내 탓이라는 자책감에서 조금이나마 벗어날 수 있었다.

마침내 대면상담을 하는 날이었다. 선생님과 인사하고 사무실에 마련되어 있는 상담실에 앉았다. 책을 읽으며 마음이 많이 풀려서 담담하게 말할 자신이 있었다. 그런데 몇 마디 꺼내지 않았는데도 감정이 복받쳐 계속 눈물이 났다. 꺽꺽거리며 우느라 한동안은 말을 잇지 못했다. 그래도 이야기를 멈출 순 없었다. 처음으로 다른 사람에게 내 얘기를 온전히 털어놓는 자리였다. 겉으로는 괜찮은 척했지만, 응어리진 마음을 안고 홀로 괴로워했다. 선생님은 찬찬히 내 이야기를 다 들어주시더니 나보다 더 화를 냈다.

"그 사람 진짜 비겁한데요? 반성한다 했지만 노력하는 시늉만 했던 것 같아요. 분명 그 사람은 아직도 자신이 한 행동을 범죄라고 생각하지 못하고 있을 거예요."

맞는 말이었다. 그는 그렇게 생각할 사람이다. 그에 대해 미약하게나마 갖고 있던 동정심이 사라졌다. 누가 누굴 불쌍히 여긴다는 말인가. 그는 내가 아무리 헤어지자 말해도 듣지 않더니 신고를 하겠다고 하자 수그러들었다. 그 사람에 대해 내가 품고 있던 환상이 그의 실체를 제대로 보지 못하게 가로막고 있었던 것이다.

선생님은 그와의 기억을 단편적으로 생각하지 말라고 조언했다.

"그와의 기억을 하나로 뭉뚱그리지 말고 '이건 강간이었다', '이건 폭력이었다', '이건 그가 잘한 부분이었다', '이건 그가 잘못한 부분이었다', 이런 식으로 구분해서 나누어 보세요."

난 그와의 기억을 뭉뚱그려서 자책, 분노, 후회 등 부정적인 감정으로만 바라보고 있었다. 분류는 사건의 본질을 온전히 파악하기 위해 필요한 작업이었다. 그를 괴물 취급하면서 기억을 묻어버리면 이 경험을 통해 배울 수 있는 것이 없었다.

너무 후련했다. 선생님은 나와 같은 데이트폭력 피해자를 많이 만나보아 그런지 내가 그 앞에서 아무것도 변명할 필요가 없었다. 내가 왜 그와의 만남을 지속했는지, 왜 그에게서 벗어나지 못했는지 설명하지 않아도 괜찮았다. 선생님은 나보다 내 심리를 더 잘 알고 있었다.

대면상담을 마칠 때쯤 선생님은 병원치료를 권했다. 단체에서 피해자에게 치료비를 지원해준다 했다. 본래 상담 치료를 받을 마음이 있어 좋은 병원을 소개만 받아도 좋겠다고 생각했는데 치료비까지 지원해준다니 참 고마웠다.

+++++
유 형 별
데이트폭력

그가 가한 폭력을 유형별로 정리해보았다. 정리하면서 내가 당한 게 전형적인 데이트폭력이라는 확신이 들었다. 그는 가해자고 나는 피해자였다. 폭력을 폭력이라고 부를 때에야 비로소 자유로워질 수 있었다. 유형별 폭력과 그 뒤의 통계와 해설은 한국여성의전화에서 실시한 설문조사 보고서♥를 참고했다.

유형별 데이트폭력 피해경험

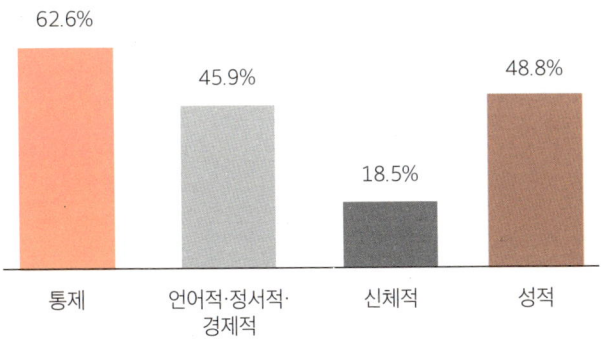

통제

- 누구와 함께 있는지 항상 확인.
- 옷차림을 제한.
- 내가 하는 일이 자신의 마음에 들지 않으면 그만두게 함.
- 일정을 통제하고 간섭.
- 휴대폰, 이메일, SNS 등을 자주 점검.

신체적

- 팔목이나 몸을 힘껏 움켜쥠.
- 세게 밀침.
- 팔을 비틀거나 머리채를 잡음.
- 폭행으로 삐거나 살짝 멍/상처가 생김.
- 뺨을 때림.

언어적·정서적·경제적

- 욕을 하거나 모욕적인 말.
- 위협을 느낄 정도로 소리 지르기.
- 안 좋은 일이 있을 때 '너 때문이야'라는 말.
- 나를 괴롭히기 위해 악의에 찬 말.
- 내가 형편없는 사람이라고 느낄 정도로 비난.

성적

- 나의 의사에 상관없이 가슴/엉덩이/성기를 만짐.
- 내가 원하지 않는데 몸을 만짐.
- 내가 원하지 않는데 애무를 함.
- 나의 기분에 상관없이 키스.
- 내가 원하지 않는데 섹스를 강요.

출처: 2016 한국여성의전화 데이트폭력 실태조사

♥ 손문숙·조재연, 「데이트폭력 피해 실태조사 결과와 과제」, 한국여성의전화, 2016.

통제 _폭력의 근원이자 목표

[내가 겪은 통제 피해]

- 모임에 가지 못하게 했다.
- 하루 종일 많은 양의 전화와 문자를 했다.
- 통화 내역이나 문자 등 휴대전화를 체크했다.
- 전화가 될 때까지 계속해서 전화했다.
- 다른 사람을 만나는 것을 싫어했다.
- 과거에 대해 자꾸 물어봤다.

통제는 네 가지 유형 중 피해자가 제일 많이, 그리고 가장 일찍부터 겪는 피해이다. 아마도 통제가 다른 유형의 폭력에 비해 피해자들이 폭력이라고 인지하기 어렵기 때문일 것이다.♥

우리 사회에서는 연인 간에 인간관계나 일정, 옷차림 등 생활 전반을 통제하는 것을 자연스럽게 여기는 경향

♥ 용어에서도 이 사실이 드러나는데, 국내 데이트폭력 자료에서 다른 유형의 폭력은 '폭력'이라는 단어를 뒤에 붙이는 반면, 통제는 '통제 피해', 또는 '행동 통제'라고 부른다. 여성의전화는 '통제' 또는 '통제 피해', 한국데이트폭력연구소는 '스토킹 유사 폭력(행동 통제 등)', 한국형사정책연구원은 '통제 행동'이라 명명했다.

이 있다. 짧은 치마를 입지 말라 하고 밤늦게 다니지 말라고 하는 건 연인으로서 당연히 할 수 있는 걱정 또는 간섭이라고 생각한다. 상대방이 하는 통제 정도를 애정의 척도로 여기기도 한다. 이러한 문화에서 통제 피해가 발생하는 것은 너무도 자연스럽다.

실제로 조사결과에서 통제에 대한 느낌을 묻는 질문에 (복수 응답으로) "폭력이라는 생각은 들지 않았다"(38.9%), "아무렇지 않았다"(35.8%), "나를 사랑한다고 느꼈다"(32.1%)는 응답이 높게 나타났다. 따라서 "문제 삼지 않고 넘어갔다"(47.6%), "상대의 기분에 맞추어주었다"(42.3%)는 반응이 많았다. 당시 나 또한 뭔가 이상하다고 느꼈지만, 그것을 폭력으로 간주하는 대신 그가 사랑을 표현하는 방식이라 여겼다. 따라서 문제 삼지 않고 넘어갔으며 상대방이 원하는 대로 맞추어주었다.

서로 사랑하는, 친밀한 관계에서 통제는 '애정과 관심', '걱정'이라는 명목으로 정당화된다. 하지만 상대방을 나와 동등한 인격체로 신뢰하고 존중한다면, 과연 상대방을 통제할 수 있을까? 상대방을 내 소유물로 보거나, 상대방을 나보다 부족하게 여기고, 있는 그대로 신뢰하지 못하기 때문에 통제가 발생하는 것이 아닐까? 그렇다면 그것을 과연 연인 간의 사랑이라 부를 수 있을지 의문스럽다. 그는 나를 자신과 동등하게 여겼을까?

언어적·정서적 폭력 _연인 간 다툼으로 포장되어 더 위험한

[내가 겪은 언어적·정서적 폭력]
- 위협을 느낄 정도로 소리를 질렀다.
- 욕을 하거나 모욕적인 말을 했다.
- 싸울 때 심한 말을 하며 빈정거렸다.
- 내가 형편없는 사람이라고 느낄 정도로 비난했다.
- 화가 나면 새벽에도 당장 찾아와서 사과하라고 협박했다.
- 싸우면 "다 너 때문이야"라는 말을 하며 내 탓으로 돌리고 내가 사과하게 했다.
- 물건을 던지거나 부순 적이 있다.
- 때리거나 물건을 부수겠다고 위협했다.

그가 가한 데이트폭력의 네 가지 유형 중에 가장 심한 건 언어적·정서적 폭력이었다. 일상적이었으며 한번 시작했다 하면 몇 시간이고 이어졌다. 그는 본래 재치 있고 논

리정연하게 말을 잘하는 사람이었다. 세상을 둥글게 보곤 하는 나와 달리 비판적 시선으로 사건이나 사람을 바라보았다. 그게 멋있다고 생각했다. 하지만, 어느 순간부터 비난의 화살은 나를 향하기 시작했다. 내가 별 뜻 없이 한 말에 대해서도 의도가 숨겨져 있다며 물고 늘어졌다. 기분이 상하면 시간에 상관없이 화가 풀릴 때까지 분을 토했다. 어느샌가 나는 말 한마디 한마디를 조심하고 그의 눈치를 보기 시작했다.

언어적·정서적·경제적 폭력은 신체적 폭력과 더불어 비교적 명확히 폭력으로 인식되는 편이다. 통제 피해처럼 '애정'이나 '관심'으로 간주되지 않는다. 실제로 실태조사에서도 언어적·정서적·경제적 폭력에 대한 느낌을 묻는 질문에 대해서는 통제 피해와 달리 (복수 응답으로) "헤어지고 싶었다"(40.1%), "상대에 대해 화가 나고 분노가 치밀었다"(40.1%), "무기력 또는 우울해지고 자존감이 떨어졌다"(37.2%)는 응답이 다수를 차지했다.

하지만 언어적·정서적 폭력은 신체적 폭력과 달리 경계가 불명확하다. 타인의 상황에 대해서는 오히려 폭력인지 아닌지 단언할 수 있을 것 같은데 연인에게는 그에 대한 애정과 죄책감이 합쳐져 '그럴 수도 있다'고 이해하게 된다. 욕설이 등장하지 않는 경우 이것이 두 사람 사이에 있을 수 있는 비난인지 폭력인지 헷갈린다.

그 역시 나를 '사랑'하니까 화도 내는 거라며 자신의 언어적·정서적 폭력을 정당화했다. 신체적 폭력에 대해선 곧장 사과했지만 언어적·정서적 폭력에 대해선 오히려 당당해하며 사과하지 않는 경우가 많았다. 정작 내게 더 큰 상처를 주었던 건 신체적 폭력보다 언어적·정서적 폭력이었는데 말이다.

신체적 폭력 _가장 나중에 등장하는 위험 신호

[내가 겪은 신체적 폭력]
- 팔목이나 내 몸을 힘껏 움켜잡았다.
- 팔을 잡고 끌어당겨 억지로 차에 태웠다.
- 뒷목을 잡아 눌렀다.
- 검지로 이마를 밀었다.

신체적 폭력은 초기부터 시작되는 다른 유형의 폭력과 달리 2~3개월 늦게 시작된다. 신체적 폭력까지 등장할 정도면 이미 폭력은 심각한 상황까지 진행된 상태이다.

따라서 다른 유형의 폭력과 복합적으로 작용하는 경우가 많다. 가해자들은 신체적 폭력과 더불어 언어적·정서적 폭력, 성적 폭력을 같이 휘두른다.

신체적 폭력은 그나마 가해자나 피해자 둘 다 폭력이라고 명확히 인식하는 폭력이다. 가해자의 반응 중 "뭐 그런 일로 그러냐고 오히려 화를 내었다"(20.2%)는 경우가 다른 유형에 비해 낮았다. "다시는 그러지 않겠다"고 하거나(67.0%), "너 없으면 살 수 없다"고 애원하는 (20.3%) 비율이 다른 유형보다 높았다. 피해자들 또한 경찰에 신고한 경험(14%)이 다른 유형보다 월등히 높았으며 상당수가 "헤어지고 싶었다"(41.8%)고 답했다. 나 또한 신체적 폭력을 당하면서 그는 내가 노력한다고 바뀔 사람이 아니며 무슨 일이 있어도 그와 헤어져야겠다고 결심했다.

성적 폭력 _그릇된 성 고정관념이 만든 수치심

[내가 겪은 성적 폭력]
- 나의 의사와 상관없이 가슴, 엉덩이 또는 성기를 만졌다.

- 내가 원하지 않는데도 성관계를 강요했다.
- 성적 수치심을 유발하는 표현을 썼다.
- 내가 원하지 않은 나체 사진을 찍었다.

성적 폭력은 통제와 비슷한 통계적 양상을 보인다. 폭력 피해 직후 반응에서 통제 피해와 마찬가지로 (복수 응답으로) "문제 삼지 않고 넘어갔다"(33.5%), "상대방의 기분을 맞추어주었다"(33.3%)는 비율이 높았다. 사랑하는 사이에 통제와 성적 폭력은 자연스럽다고 생각하는 것이다.

하지만 통제 피해와 달리, 이를 애정이라고 여기지만은 않는다. 피해자들은 폭력 피해 직후, "폭력이라는 생각이 들지 않는다"(29.3%)고 답했지만, "창피했다"(28.9%), "상대에 대해 화가 나고 분노가 치밀었다"(30.5%)는 부정적인 감정을 동시에 느꼈다.

그는 성적 행동에 집착했으며 성관계를 강요했다. 하고 싶을 때 참으면 고통스럽다고 화를 냈다. 결국 그의 요구에 응했지만, 나는 애정이 아닌 수치심과 분노, 죄책감을 동시에 느꼈으며 이를 속으로 삭혀야 했다. 연인 간에 자연스러운 것이라고 스스로를 달랬다. 그는 성관계를 강요한 것에서 그치지 않았다. 그는 '느낌이 안 난다'며 콘돔을 사용하지 않으려 했고. 실제로 중간에 제거한 경우도 많았다. 또한 성관계 중에 나를 비하하는 모욕적인 말도 서슴지 않았다. 내가 그렇게 말하지 말라고 하면 그는 그렇게 말해야 흥분되니 이해하라고 했다.

성관계 중 찍은 사진을 지워달라고 호소했을 때도 그는 무시했다. 유포할 게 아니라 혼자 자위할 때 볼 거라면서 '야동' 보는 것보다 널 생각하면서 하는 게 낫지 않냐는 이기적이고 얼토당토않은 말을 했다. 내가 느끼는 수치심은 그에게 중요하지 않았다. 그는 그런 말을 하면서도 당당했다. 지금 생각하면 이 모든 과정이 성폭력이고 데이트 강간이었지만, 그때는 폭력이라 인식하지 못했다. 괴로워하면서도, '여자친구'의 역할을 하는 것이라고 생각했다.

이별 후

   2~5개월

희망

이야기된 고통은
더 이상 고통이 아니다

그에게 전화가 온다면 할 말

- 너 때문에 내 인생이 얼마나 꼬였는지, 내 인생 망했다고 얘기해야지. 난 외상후스트레스로 정신과 상담을 받고 있다고. 평생 트라우마로 남을 것 같다고.
- 너하고 조금이라도 얽히기 싫으니까 나한테 미안한 감정 남아 있으면 연락은 물론이고 조금이라도 네 소식 안 들리게 하라고.
- 이후로 나한테 접근이든 연락이든 하면 무조건 신고할 거라고. 너한테 연락 올 수도 있다는 생각이 제일 끔찍하다고.
- 헤어지고 보니 내가 얼마나 바보 같았고 네가 얼마나 쓰레기인지 알았다고. 너하고 조금이라도 빨리 헤어지지 못하고 휘둘려 다닌 게 평생 한이라고.

• 네 마지막 말, 친구한테 얘기하지 말라는 것도 기가 찬다고. 피해자가 취해야 할 첫 번째 행동이 주변에 도움을 요청하고 지지기반을 마련하는 것인데 그걸 못하게 하다니. 가족과 친구한테 알리는 것이 예방과 치료의 시작이라는데.

흠, 쓰고 보니 문자로 해야겠다. 걘 혼자 세기의 로맨스를 찍다 헤어진 것마냥 청승 떨고 있을 게 뻔하다. 제 잘못도 모르겠지. 너무 얘기해주고 싶다. 문자를 보내야 하나 말아야 하나. 선생님과 상의해봐야겠다.

— 그에게서 벗어나고 2개월 차에 쓴 글

정신건강의학과에서 일주일에 1회씩 총 8회기 심리상담을 받았다. 첫 상담 날, 선생님은 목표를 제시했다. '기억들을 차곡차곡 상자에 담아 서랍에 넣는 것'. 그 기억들이 내게 영향을 끼치지 않도록, 문득 떠오르는 순간이 오더라도 담담해질 수 있도록 해보자고 말했다. 선생님은 '이미 스스로 결단하고 헤어진 것부터 치유의 시작'이라면서, 나는 이미 스스로 치유의 과정을 시작한 사람이기 때문에 끝까지 잘 극복할 거라고 용기를 주었다.

한 주에 한 주제씩, 지인에게 데이트폭력 경험을 터놓는 문제, 성적 수치심, 무기력함 등 다양한 주제로 상담 선생님과 이야기를 나누었다.

지인들한테 말하고 싶어도 말하지 못하는 나 자신이 답답하다고 토로했다. 데이트폭력을 당했다는 게 수치스러웠다. 한편으론, 내가 잘못한 것도 아닌데 왜 말을 못 하는지 스스로도 납득되지 않았다.

"주변 사람들한테 말 못 하는 건 당연한 거예요. 그래도 서너 명이면 많이 말한 편인데요? 예전부터 인간관계를 잘 맺어서 그런가 봐요. 지금 느끼는 감정들은 피해자라면 누구나 느끼는 일반적인 감정이니까 자책할 필요 없어요."

선생님은 자신의 이야기를 꼭 주변에 다 털어놓을 필요가 없다고, 그런 부담감을 느끼지 않아도 된다고 조언했다. 그 말이 큰 위로가 되었다. 할 수 있는 것부터, 천천히 조금씩 가야겠다고 생각했다.

실제로 몇 주 뒤 친한 친구에게 이야기했다. 전 남자친구가 폭력적인 사람이라 상담을 받고 있다고만 말했다. 구체적인 사건은 하나도 얘기하지 않았다. 상담을 받고 있다는 사실을 털어놓는 것만 해도 엄청난 용기가 필요했다. 친구는 말해줘서 고맙다고, 힘들었을 텐데 애썼다고 위로해주었다. 친구와 함께 있는 시간이 행복하고 편안했다. 진작 내게 안정을 주는 이와 관계를 맺을걸, 왜 나를 고통스럽게 하는 이와 관계를 유지했을까 후회했다. 그를 다시 안 봐도 된다는 사실이 행복했다. 역시 헤어지길 잘했다고 생각했다.

성적 수치심은 그와 헤어지고서 가장 나를 괴롭혔던 문제였다. 선생님은 내가 가해자와 성관계를 하지 않았으면 더 당당했을 것 같냐고 물었다. 나는 그렇다고 대답했다. 내가 전통적인 성 관념과 가부장적 사고방식에 젖어 있다는 것을 다시금 느꼈다. 내게는 혼전 성관계에 대한 거부감이 있었다. 죄책감과 수치심에 시달렸다. 그를 끝까지 거부하지 못한 '나'에게도 잘못이 있다고 생각했다.

그는 이러한 심리를 이용해 영향력을 행사했다. 그는 '다른 남자를 만나도 그 사람이 네가 처녀가 아닌 걸 알 거다', '다른 사람하고 해도 내가 첫 남자라 넌 나를 못 잊을 거다' 같은 말을 아무렇지 않게 내뱉었다. 난 그런 말에 휘둘리고 괴로워했다. 내가 지닌 생각이 잘못된 성 관념이라는 것을 머리로는 알았지만 가슴에 와닿지 않았다. 선생님은 내가 시간이 필요하겠지만, 결국 받아들일 수 있을 거라고 했다. 나도 그렇게 생각했다. 상담을 하고, 관련 도서들을 읽으면서 확실히 전보다 의식이 많이 건강해졌다. 내가 당한 것은 명백히 성폭력이었다. 오롯이 그의 잘못이었다. 내가 움츠러들거나 죄책감을 가질 이유가 없었다.

"연아 님은 평화를 지향하고 기본적으로 다른 사람들과 관계를 잘 맺는 분인데 그런 사람을 만나서 많이 힘드셨겠어요. 그 사람이 본모습을 일찍 드러내서 그나마 헤어진 것 같네요. 연아 님이 웬만한 건 참으셔서, 그 사람이 조금이라도 성질을 덜 부렸으면 지금까지도 만나고 있었을 텐데 말이에요."

상담 선생님에게 칭찬과 격려를 참 많이 받았다. 내가 쓴 일기를 읽거나 말하는 것을 들어보면, 그 사람의 입장도 살피면서 왜 그랬는지 객관적으로 서술하려 한다며 그 점이 정말 대단하다고 했다. 그를 나쁜 사람으로 매도할 수도 있고 어쩌면 그것이 자연스러운 것인데 나는 그렇게 하지 않는다고 신기하다고 했다. 상황을 넓은 시각에서 관조적으로 보는 편이라고, 본래 온화한 성품도 합쳐져 그런 것 같다고 칭찬해주었다. 무엇보다 그를 이해하고 끝난 것이 아니라, 이미 증거를 모아놓고 다시 연락이 오면 신고할 수 있도록 조치까지 다 취하고 마음 정리를 하고 있으니 참 건강하다고 했다. 날 추켜세워주는 말이 부끄러우면서도 좋았다. 스스로가 대견했다. 자존감이 높아졌다.

4회차쯤 되자 상담을 하며 더 이상 눈물을 흘리지 않았다. 6회차쯤 되자 이야기할 거리가 떨어졌다. 긍정적인 신호였다. 처음에는 8회기로 부족하면 사비로라도 더 받을 것을 각오하고 시작했지만, 상담을 진행할수록 그러지 않아도 되겠다는 확신이 들었다. 상담 선생님도 나도 8회기를 끝으로 상담을 마치는 데 동의했다.

'이야기된 고통은 더 이상 고통이 아니다'라는 말이 있다. 내 애기를 온전히 들어주는 이에게 공감을 받으면 후련하고 기분이 꽤 좋았다. 말하면 말할수록 고통이 줄어드는 게 느껴졌다. 말하기 전까지 인식하지 못했던 내 감정과 생각을 알게 되었다. '괜찮아'. 어느새 스스로에게 위로의 말을 건네고 있었다.

이제야 그를 제대로 보다

> 긍정적으로
>
> 그래도 요즘은 많이 기운을 차렸다. 내가 그 인간을 만나서 배운 것도 있으니까. 인생 공부한 셈 쳐야지. 잘못해서 더 나쁜 놈한테 걸렸으면 안전이별도 힘들었을 수도 있다. 그나마 덜 폭력적인 사람한테 걸려서 이 정도로 끝냈다고 생각해야지. 앞으로는 페미니즘 공부도 하고 주체적인 사람이 되어야겠다. 나부터 가부장제에 물들어 있는 모습을 버려야지. 관련 책도 많이 읽고 생각을 틔우는 계기로 삼자!
> ─그에게서 벗어난 지 3개월 차에 쓴 일기

원치 않았지만, 혼자 있을 때면 그에 대한 생각을 피할 수 없었다. 여성학 책을 읽거나 강의를 들을 때도 그와 연관 지어 생각했다. 이때 그에 대한 탐구를 제일 많이 한 것 같다. 그에게서 벗어나고서야 그를 제대로 보았다.

그는 '너 때문에 내 인생 망쳤다'는 말을 자주 했다. 실제로 정작 육체적·정신적 피해를 크게 본 건 나인데 말이다. 생각해보면 그는 열등감과 피해의식에 사로잡힌 사람이었다. 나이, 외모, 직업, 능력 등에 대한 열등감이 있었다. 그래서 다른 사람들의 외모를 평가하고 깎아내렸다. 자신보다 높은 위치에 있다고 생각하는 직업군을 싸잡아 비난했다. 그는 자신의 능력에 비해 사회에서 제대로 평가받지 못한다고 생각했다. 피해의식에 사로잡혀 사소한 말 한마디에도 예민하게 반응했다. 기본적으로 사람을 불신하고 비난했다. 때문에 주변 사람들과 종종 다투고 깊은 인간관계를 맺지 못했다.

자책, 후회, 분노의 감정만 느꼈었는데, 이번엔 '연민'이라는 감정이 떠오르기 시작했다. 하지만 그와 만나고 있을 때 느꼈던 연민과 결이 달랐다. 이번 연민은 나에 대한 자긍심에서 비롯되었으며 그의 실체를 파악하고 느낀 감정이었다. 그는 몸은 성인이었으나 정신적으로 미성숙한 사람이었다. 그가 가진 장점들이 분명 있었으나 성격적 결점들로 인해 사람들에게 인정받지 못했다. 그는 낮은 자존감을 숨기고자 오히려 상대(나)를 비난하고 깎아내렸다.

그가 작아 보였다. 항상 그의 존재를 거대하게 느꼈는데 말이다. 그런 열등감 덩어리가 하는 말에 휘둘릴 이유가 없었다. 어른이 돼서 아이가 자기 뜻대로 되지 않는다고 떼를 쓰고 두 팔을 휘두르며 울고불고하는 것을 다 귀담아들을 필요 없듯이. 그렇다고 불쌍히 여겨 감싸줄 필요는 더더욱 없었다. 그를 위해 내 행복을 희생할 이유도. 그건 내가 할 역할이 아니었다. 그렇게 하기에 내 인생은, 나는 너무 소중하다.

+++++
가해자의 폭력성 해부

"좋아해서", "잘 만나주지 않아서", "헤어지자고 해서", "청혼을 거부해서", "동거를 거절해서", "위장 이혼을 안 해줘서", "다른 여자 관계를 추궁해서", "헤어진 여성이 다른 남자와 함께 있는 모습을 보고", "설익은 강낭콩의 껍질을 벗겨서", "양말과 운동화를 세탁하지 않아서", "밥을 달라는 자신의 말에 대답하지 않아서", "귀가가 늦어서", "외박을 해서", "술을 못 마시게 해서", "술을 마셔서", "휴대폰 검사를 거부해서", "전화를 받지 않아서", "전화 받는 태도가 마음에 들지 않아서", "잠을 깨워서", "짜증을 내서", "추운데 피해자가 옷을 안 벗어줘서", "명절에 시댁에 가지 않아서", "빌린 돈을 갚으라고 재촉해서", "데이트비용을 돌려받기 위해", "과거 폭행 사실을 고소하겠다고 해서", "성관계 동영상을 지워달라고 해서" 등.

2019년 12월, 한국여성의전화는 지난 10년간 친밀한 관계의 남성에 의해 살해된 여성들의 실태를 발표했다. 한국여성의전화에 따르면, 위에 나열된 내용은 지난 10년간 언론 보도를 통해 등장한 친밀한 관계에 있는 여성에게 살인이나 살인미수를 저지른 가해자들이 범행의 이유로 들었던 내용들이다.

어떤 이유로도 누군가를 죽이면 안 되겠지만, 살인범이 누군가를 죽일 법한 이유로서 납득이 되는가?

한국여성의전화의 발표자는 "과거나 현재 혼인관계나 데이트관계에 있는 여성의 목을 조르고, 흉기로 찌르고, 납치·감금하고, 강간하고, 불을 지르고, 염산을 뿌리는 등 극악한 방법으로 여성을 살해하거나 살해 위험에 처하게 한 가해자들의 범행에 끼친 요인이라고 하기에는 참으로 미약하기 짝이 없다"고 말했다.♥

여성폭력 연구자들은 가해자들의 이러한 발언의 배경에 이를 가능케 하는 '사회적 인식과 구조'가 있다고 말한다. 가부장제 사회에서 남성은 가장으로서 '가정'이라는 성城 안에서 권력을 휘두르고 자신의 소유인 '아내'를 지배한다. 남성의 폭력은 여성을 통제하는 수단이다.

여성살해는 자신의 뜻을 따르지 않는 여성에 대한 처

♥ 재재(조재연), 「분노의 게이지 10주년 포럼: 친밀한 파트너에 의한 여성살해」, 한국여성의전화, 2019, 12쪽.

벌의 극단적인 형태이다. 가정폭력은 아내가 가족 내 성역할을 제대로 수행하지 못했다고 남편이 판단할 때, 남편이 임의로 수행하는 개인적이고 사회적인 처벌이다.♥

그래서 고작 "양말과 운동화를 세탁하지 않아서", "밥을 달라는 자신의 말에 대답하지 않아서" 아내를 죽인 것이다.

가부장제는 결혼제도 안에 국한되지 않는다. 가부장제 사회를 사는 모든 사람들에게 영향을 끼친다. 여성을 규제하고 소비·소유하고 지배할 권리가 남성에게 있고, 여성이라면 마땅히 남성에게 순응해야 한다는 젠더규범♥♥으로 작동한다. 내 경우에도 그는 스스로 부정하긴 했지만, 지극히 가부장적인 사람이었다. '나중에 결혼하면 집안일은 내가 다 하겠다', '당신이 자기계발을 하도록 내가 내조하겠다'고 말하곤 했지만, 그런 문제가 아니었다. 그는 나를 통제하고 지배하려 했다. 그리고 그것이 당연

♥ 정희진, 『아주 친밀한 폭력』, 교양인, 2016, 머리말.
♥♥ 재재(조재연), 『분노의 게이지 10주년 포럼: 친밀한 파트너에 의한 여성살해』, 한국여성의전화, 2019, 12쪽.

하다고 생각했다. 그가 가진 가부장적 사고방식은 성性과 폭력에 대한 인식에서 절실히 드러났다.

불행히도 나 또한 사회에 잘 적응하고 산 죄로 가부장적인 사고방식에 익숙했다. 그도 나도 인식하지 못했지만, 사회에서 정해놓은 성별 규범을 충실히 따랐다. 그의 말에 휘둘리고 그에게서 벗어나지 못했다. 그런 그가 내게 퍼붓는 비난에 수긍하고 죄책감을 느꼈다. 우리 사회에는 무수히 많은 그와 내가 살고 있다. 그와 나만의 문제가 아니다.

성性

한국형사정책연구원에서 '여성 대상 폭력에 대한 연구'를 위해 남녀간 성 인식 및 폭력에 차이가 있는지에 관한 설문조사를 실시했다. 먼저 사랑에 대한 인식을 살펴본 결과, "남녀 간에 상당히 차이가 있는" 것으로 드러났다. 이 연구는 2015년 전국의 성인 남녀를 대상으로 각각 2천 명을 대상으로 이루어졌는데, 아래의 조사 연구 결과를 나의 경험에 비추어 보면 많은 생각이 든다.

'끊임없이 전화하거나 사생활을 체크하는 것이 열정적으로 사랑하기 때문'이라는 문항에 대한 동의 정도는 남성이 여성보다 유의미하게 더 높았다.

또한 '나의 의사와 무관하게 불쑥 집으로 찾아오거나 집 앞에서 하염없이 기다리는 것은 낭만적'이라는 인식 역시 남성이 여성보다 유의미하게 더 높았다.

남녀간 서로 상이한 인식 중의 하나로 널리 알려진 항목인 '연인의 성관계 요구를 거절하는 것은 그를 사랑하지 않기 때문'이라는 문항과 '사랑하지만 성관계는 싫다는 말의 본뜻은 연애 관계를 끝내자는 말이다'라는 문항에 대해서도 동의 정도는 남성이 여성보다 유의미하게 더 높았다. 즉 남성은 여성보다 성관계를 교제와 관련지으려는 인식이 많다는 것이 여기서도 증명되었다.

유일하게 여성의 동의 정도가 더 높았던 문항은 '전화를 먼저 하고 자주 하는 것으로 사랑을 평가할 수 있다'라는 항목이었다.

또한, 남녀간 인식 차이가 심한 내용들 중의 하나인 '연인들이 호텔이나 모텔에 같이 가는 것은 성관계에 동의한 것이다'와 '연인들이 일박 이상 여행을 같이 가는 것은 성관계에 동의한 것이다'에 대해서도 동의 정도는 남성이 여성보다 유의미하게 더 높았다.♥

♥ 홍영오·연성진·주승희, 「여성 대상 폭력에 대한 연구」, 형사정책연구원 연구총서, 2015, 15쪽.

많은 남성들이 가부장제에서 비롯된 남성성에 대한 왜곡된 믿음을 가지고 있다. 남성들은 여성과의 관계에서 자신이 성적으로 주도해야 한다고 생각하며, 설혹 상대가 내켜 하지 않아도 집요하게 구슬리며 포기하지 않는다면 결국 원하는 바를 쟁취할 수 있다고 생각한다. 여성을 자신과 마찬가지로 바람과 욕구를 가진 평등한 파트너로 보는 게 아니라 성관계를 위해 쟁취해야 할 대상으로 바라본다.

그도 마찬가지였다. 특히 스킨십에 집착했다. 내가 그의 차를 타거나, 그의 집에 간다는 사실이 스킨십에 동의한다는 뜻은 아니었는데도 그는 본인 멋대로 해석했다. 동의를 구하지 않고 내 몸을 만지는 것이 예삿일이었다. 스킨십을 하고 싶어지면, 장소가 어디든 어떤 상황이든 강행했다. 내가 싫다고 하면 "내 여자친군데 내가 왜 못 만지냐"며 내 말을 무시했다. 나는 그에게 '여자친구'로서 그의 성욕을 해소시켜줄 의무가 있는 사람으로 취급당했.

그에게 연인이란 이미 성관계에 대한 동의가 전제된 사이였으며, 연인 간에 가장 중요한 요소는 성관계였다. 초반부터 나한테 마치 맡겨놓은 것마냥 성관계를 강요했다. 성을 누군가가 주고 누군가는 받는 개념으로 간주했다. 그는 내게 '달라'고 말하면서 내가 '주지 않는다'고 비난했다.

그렇게 성관계를 중시하면서도 그는 성적 '순결'에 집착했다. 특정 연예인들에 대해 사생활이 문란하다며 비난하는 것이 다반사였다. 자신은 '워킹홀리데이'를 다녀온 여자는 만나지 않겠다고 했고 자취하는 여자 또한 믿을 수 없다고 했다. 누구에게 몸을 '줬을지' 모른다고 말했다. 그는 자신의 전 여자친구들이 순결했다고 말했다. 정작 그는 전 연인들과 이미 성관계를 가졌으면서도, 그와 처음 성관계를 가졌던 내게는 전 남친과의 스킨십이 문란했다며 비난했다.

그와의 성관계는 수치스러웠으며 거부감이 들었다. 나는 어쩔 수 없이 이별 통보를 철회하고 만남을 지속할 때마다, 대신 앞으로 성관계는 하지 말자고 반복해서 호소했다. 그도 동의하며 나를 붙들고자 했다. 하지만 그는 '알겠다'고 했던 말을 쉽게 뒤집었다.

폭력

한국형사정책연구원에서 실시한 조사에서 연인 간 폭력에 대한 태도의 차이도 눈여겨볼 만하다.

분석 결과를 보면, '**남자친구에게 뺨을 맞을 만한 여자도 있다**', '**바람을 피우면 남자친구에게 뺨을 맞아야만 한다**', '**맞을 만한 이유가 없으면 남자는 여자친구를 잘 때리지 않는다**', '**맞을 만한 이유가 있으면 여자친구의 뺨을 때리는 것은 괜찮다**', '**여자친구의 뺨을 때려야 할 정도로 질투가 심해질 수도 있다**', '**여자친구를 때릴 정도로 남자의 사랑이 깊어질 수도 있다**'와 같이 남성의 폭력이 마치 여성의 잘못 때문이라거나 사랑 때문이라고 하면서 폭력을 정당화하는 문항에 대해서도 여성에 비해 남성의 동의 정도가 통계적으로 유의미하게 더 높았다.

물론 전체적으로 평균이 높지는 않지만, 그럼에도 불구하고 폭력을 정당화하려는 태도에서 남성의 동의 정도가 더 높았다. 또한 '**때때로 남자들은 여자친구에게 주먹질하는 것을 멈출 수 없을 때가 있다**'거나 '**때때로 남자들은 여자친구로 인해 화가 나면 때리는 것을 참을 수 없을 때가 있다**'와 같이 남자의 폭력은 어쩔 수 없는 것이라는 태도 역시 남성의 동의 정도가 여성보다 유의미하게 더 높았다.♥

♥ 홍영오·연성진·주승희, 「여성 대상 폭력에 대한 연구」, 형사정책연구원 연구총서, 2015, 15-16쪽.

우리나라는 대체로 남성의 폭력에 관대한 편이다. '남자아이들은 원래 싸우면서 크는 거지', '남자아이는 본래 좀 거칠어(활동적이야)'라는 말이 아무렇지 않게 통용된다. 폭력을 휘둘렀을 때 제재받는 것이 아니라 '남자니까' 넘어가고 심지어 잘 반격했다고, '사내답다'고 칭찬받는다면 그 아이는 어떻게 자랄까? 사회는 남성의 폭력성은 '그럴 수 있다'고 이해하고, 본능이라 '어쩔 수 없다'고 말한다. 백번 양보해 그런 성향을 타고났다고 하더라도 그렇다면 본래 날 때부터 폭력적인 사람은 폭력을 써도 되는가?

그는 나를 너무 사랑하니까 감정을 주체 못 하고 화를 낸다고 말했다. 좋아하니까, '내 꺼'라고 생각하니까 감정적으로 반응한다고 말했다. 나는 그의 주장을 자연스럽게 받아들이고 이해했다. 하지만 과연 정말 그 이유 때문이었을까?

 폭력은 권력 구조에서 일어난다. 그는 나를 '사랑'해서 때리는 게 아니라 자신보다 아랫사람으로 인식하기 때문에 폭력을 쓴 것이다. 위 설문조사의 '여자친구' 자리에 '상사'를 넣어보자. '맞을 만한 이유가 있으면 상사의 뺨을 때리는 것은 괜찮다'는 자연스러운가?

아마 이런 비교가 친밀한 관계가 아니라서 적절하지 않다고 생각한다면 가족을 넣어보자. '남성에게 뺨을 맞을 만한 여자친구도 있다'에서 '여자친구' 대신 '부모님'이 들어가면 어떠한가? 반면에 '동생'이 들어가면? '부모님'은 절대 안 되지만 '동생'은 사정이 있다면 그럴 수도 있다고 생각할 것이다.

좋아하니까 더 폭력적으로 굴어도 된다는 생각은 도대체 어디서 시작된 걸까? 서로 친밀한 사이라면 편하다고 할 수 있겠지만, 편한 것과 함부로 대하는 것은 다르다. 친밀한 사이일수록 그 관계를 유지하기 위해서는 화가 나도 인내하고 상대를 배려하는 것이 상식인데, 그 상식이 유독 연인 사이에서는 통하지 않는 듯하다. 친밀한 관계 속 가해자들은 '사랑해서'라는 변명을 아무렇지 않게 내뱉는다.

그는 나를 자신의 소유물로 여겼을 뿐 아니라, 기본적으로 폭력에 대한 허용도가 높은 사람이었다. 어떤 사람이 잘못했으면 그 사람에게 폭력을 가할 수 있다고 생각했다. 여기서 폭력은 꼭 신체적 폭력만을 일컫는 것이 아니다. 그는 화가 나면 소리를 치고 모욕적인 말을 뱉고 욕을 했다. 내가 하지 말라 해도, 잘못한 사람이 그런 말도 못 듣냐며 더 심한 말을 하곤 했다. 잘못에 대한 대가를 그런 식으로 치러야 한다고 생각했다. 폭력을 정당화했다. 심지어 그는 내가 맞고 자라지 않아서 이해심이 없다며 비난했다. '나는 애 낳으면 오냐오냐 안 키우고 패서 키울 거야', '오냐오냐 키우면 너처럼 될 거니까 가만 안 놔둘 거야'라며 나를 위협했다.

연인이 심하게 잘못하면 때려도 되는 건가? 바람을 피웠으면 맞을 만한가? 그렇다고 대답하는 사람도 있으리라 본다. 그러나 세상에 '맞을 만한 이유'라는 건 존재하지 않는다. 그는 내 과거에 매우 집착했다. 항상 내 과거 연인에 대해 묻고, 그것으로 화를 냈다. 옛 연인에게는 어떻게 했냐 묻고, 자신에겐 소홀히 대한다며 열등감을 느꼈다. 그들보다 자신을 덜 사랑한다면서 내가 바람이라도 피운 것처럼 매도했다. 의심은 폭력으로 이어졌다. 상대방에게 폭력을 쓸 수 있다고 생각하는 사람은 이유를 만들어서라도 때리기 마련이다. '맞을 만한 이유'라는 것은 순전히 폭력을 쓰는 사람 마음이다.

본래 그런 사람일까

사회는 흔히, 친밀한 관계의 여성에게 폭력을 가하는 남성을 '악마'화하며 그의 폭력을 소수의 일탈 행동으로 본다. '일부', '특이한' 남성들이 그럴 뿐이라고 말한다. 하지만 가정폭력 피해자, 가해자를 직접 면담하고 연구한 연구자들에 따르면, 이는 사실이 아니다.

가정폭력 피해자 아내들은 남편이 주변 사람들에게 인정받고 존경받는 별문제 없는 사람들이기 때문에 대응하기가 더 어렵다고 호소한다. 그들은 남편을 이렇게 표현했다. '아이큐가 높고 머리 회전이 빠르다', '치밀하다', '주도면밀하다', '논리 정연하다', '형사 출신이 아닌가 싶을 정도로 행동과 판단력이 빠르고 예민하다', '잔머리가 천재다', '자존심과 자제력이 뛰어나다', '차분하고 생각이 많다', '집념이 강한 엘리트', '지적이다, '용의주도하다', '인격적이고 부드러운 사람', '매사에 계획적이고 꼼꼼하다'. 이는 폭력 남편들이 참을성이 없고 충동적이며 자기 통제력이 부족하고 스트레스 관리 능력이 떨어지는 사람들이라는 기존의 '아내폭력' 연구와는 완전히 다른 것이다.♥

그도 평상시에는 멀쩡한 사람이었다. 똑똑했으며 자제력이 강한 사람이었다. 목표를 이루고자 시간 관리를 철저히 했다. 논리정연하고 행동과 판단력이 빠르고 예민했다. 대인관계에서 문제가 아주 없던 것은 아니지만, 다툼이 있어도 대부분 먼저 사과하고 마무리 지었다. 어느 정도의 '다혈질'로 허용 가능한 수준이었다. 오직 내게만 다른 모습을 보였다. 참을성을 발휘하지 않았으며 자기 통제력을 상실했다. 그의 단점이 극대화되어 드러났다. 그의 곁에 있는 것을 고통스럽게 만들었다.

아무리 분노조절장애를 가진 사람도 자신보다 힘이 센 조폭 앞에서는 분노를 잘 조절한다는 우스갯소리가 있다. 실제로 분노조절장애라는 병명은 없다고 한다. 사람들은 누구나 강자 앞에서는 분노를 잘 조절한다. 그 역시 나약한 노인인 자신의 회사 회장님 앞에서는, 나에게 한 것과 달리 착하게 굴 것이다.

♥ 정희진, 『아주 친밀한 폭력』, 교양인, 2016, 106~107쪽.

그와 헤어지고 얼마 지나지 않아 '발신자표시제한'으로 전화가 한 통 걸려온 적이 있다. 내가 수신을 차단한 그의 전화였다. 전화를 받지 않으니 곧 끊어졌다. 바로 다른 모르는 번호로 다시 연락이 왔다. 번호를 검색해보니 역시나 그가 사는 지역의 공중전화였다. 벨소리가 언제 끊길까? 심장이 두근거렸다. 다행히 그날 두 번의 전화 이후로 지금까지 다시 전화가 걸려온 적은 없었다. '다시 연락하면 신고하겠다'라고 했으니 경찰에 신고해야 하나 잠깐 고민했지만 결국 하지 않았다. 그가 계속 연락을 시도하고 찾아왔다면 모를까, 그 상황에서 최선의 결정이었다고 생각한다.

상당수의 데이트폭력 가해자들이 벌금형이나 집행유예 등의 가벼운 처벌을 받는다. 이들이 솜방망이 처벌을 받는 이유는 데이트폭력 처벌법이 따로 없기 때문이다. 가해자에게는 형법상의 폭행, 협박, 경범죄 처벌법 등이 적용되는데, 일반폭행죄의 경우 대부분 벌금형에 그친다. 실제 기사를 보면, 여자친구의 머리를 테이블로 가격하고 담뱃불로 손등을 지진 가해자는 벌금 300만 원을 선고받았다.♥ 여자친구에게 욕설을 하며 뺨을 때리고 머리

채를 잡아 흔드는 등 두 시간가량 폭행한 가해자는 벌금 800만 원을 선고받았다.♥♥ 하지만 일회성에 그치는 일반 형사사건과 달리 데이트폭력의 재범률은 무려 76%에 달한다.

나의 경우를 생각해본다. 그에게 적용될 법은 협박죄, 경범죄 처벌법(지속적 괴롭힘) 정도다. 폭행죄도 벌금형에 그치는데 당연히 벌금형 이상의 형량은 나오지 않을 것이다. 그가 한 욕설은 모욕죄로 처벌이 불가한데, 단둘이 있는 자리에서 한 욕설은 '공연성'을 충족시키지 못하기 때문이다. 스토킹 행위는 당시 기준으로는 벌금이 최대 8만 원에 불과했다. 따라서 실제로 적용할 수 있는 법은 협박죄 정도가 최선인데 판례를 보면 벌금 100만 원도 되지 않을 확률이 높다. 고작 벌금 얼마로 그가 죗값을 치르리라는 것을 떠올리니 불쾌하다.

무엇보다 그를 신고한다면, 어떤 식으로든 그와 다시 얽힐 수밖에 없다. 실제로 성인지 감수성이 떨어지는 형

♥ 「담뱃불로 손등 지지고, 테이블로 머리 가격… 데이트폭력男 '벌금 300만 원'」, 《아시아경제》, 2020년 8월 5일 자.
♥♥ 「'봐주기 논란' 데이트 폭력 의전원생 항소심서 감형」, 《연합뉴스》, 2020년 7월 8일 자.

사조정위원 때문에 가해자와 다시 마주하게 된 피해자도 있었다. 조정위원은 "가해자가 재판에 가도 어차피 벌금형을 선고받을 건데 본인(피해 여성)에게 이득 될 게 없다", "한때 연인이었는데 좋았던 추억으로 남길 수 있도록 가해자와 합의하는 게 좋을 것 같다"라며 합의를 종용했다고 한다. 피해자는 가해자와 대면하는 걸 원치 않았지만 지속적인 권유로 결국 그와 단둘이 만나야 했다.♥

물론 벌금형이라도 그에겐 치명적일지 모른다. 법적인 기록이 남으니까. 하지만 그가 얌전히 있을까? 자기 인생에 씻을 수 없는 흠집을 냈다고 길길이 날뛰지 않을까? 그는 내가 사는 집 주소와 직장까지 다 알고 있는 사람이었다. 그가 찾아올까 두려웠다. 어차피 처벌도 약한데 그런 위험을 감수하느니 신고하지 않는 게 낫겠다고 판단했다. 법적 절차를 밟는 데 에너지를 쏟기보다 차라리 내가 입은 피해를 회복하는 데 집중하기로 선택했다.

하지만 옳은 결정인지는 모르겠다. 그가 또 다른 피해자를 발생시키지 않을까 하는 우려 때문이다. 그는 자신

♥ 「"어차피 벌금형" 데이트폭력 피해자에 가해자 합의 종용한 검찰」, 《연합뉴스》, 2020년 7월 8일 자.

의 행동을 변명하면서 전 여자친구에게는 나한테 한 것보다 더 심하게 대했다고 일찍이 말한 적이 있다. 그의 데이트폭력은 처음이 아니었다. 그는 분명 다른 사람을 만나도 나에게 한 행동을 그대로 반복할 사람이다.

'내가 신고를 하면, 그가 조금이나마 경각심을 가지지 않을까?'

'혹시 그가 똑같이 데이트폭력을 반복할지라도 내가 그를 신고한 기록이 있다면, 다음 피해자가 신고할 때 동종범죄 이력으로 가중처벌을 받을 수 있을 텐데…… 다음 피해자를 위해서라도 신고해야 하지 않을까?'

수도 없이 고민했다. 하지만 현실적으로 내가 이민을 가지 않는 이상, 또는 한국 안에서는 이사를 가고, 개명을 하고, 직종을 바꾸지 않는 이상 엄두가 나지 않는다.

나만 이런 결정을 내린 것이 아니다. 대다수의 데이트폭력 피해 여성들은 신고하지 않기를 택한다. 실제로 한국여성의전화에서 실시한 설문조사 결과에 따르면, 데이트폭력 피해를 경험한 여성 중 4.8%만이 경찰에 신고했다고 답변했다.♥ 데이트폭력은 가정폭력, 성폭력와 더불어 암수범죄hidden crime 비율이 높은 범죄로 꼽힌다. 데이트폭력은 친밀한 관계라는 특성상 중대한 폭력이 발생하기 전에는 신고에 소극적인 경향을 띤다. 상대방이 나를 죽일 수도 있겠다는 생각이 들 때야 신고에 나서는데, 이 경우에도 모두가 경찰에 도움을 요청하는 것은 아니다.

경찰청 통계자료에 따르면, 데이트폭력 신고 건수는 2019년 19,940건♥♥으로 하루 평균 55명꼴이다. 얼마나 더 많은 이들이 데이트폭력으로 고통받고 이를 홀로 감당하고 있을지 가늠조차 되지 않는다.

♥ 손문숙·조재연, 「데이트폭력 피해 실태조사 결과와 과제」, 한국여성의전화, 2016, 27쪽.
♥♥ 「데이트폭력 신고 2년 새 41% 증가... 성인 절반 이상 경험」, 《비즈조선》, 2020년 9월 28일 자.

이별 후

n 개월

성장

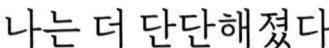

나는 더 단단해졌다

괴로울 때면 그를 만나기 전으로 돌아가고 싶었다. 그에 관한 모든 기억을 지우고만 싶었다. 때때로 그가 했던 말이나 당시 감정이 떠오르고 분노가 치솟았다. 내 영혼은 크게 상처 입어 회복하기 힘들 것만 같았다.

하지만 그에게서 벗어난 지 약 1년이 지난 지금, 나는 결코 그 전으로 돌아가고 싶은 마음이 없다. 본래 나는 데이트폭력을 비롯한 여성폭력과 무관한 삶을 살아왔다. 여성폭력이 잘못되었음은 알고 있었지만, 그 심각성이나 만연함에 대해 깊이 생각해본 적이 없었다.

오히려 아내폭력이나 데이트폭력 피해자에 대한 편견을 갖고 있었던 것 같다. 예전에 나는, 폭력을 행사하는 아버지 밑에서 자란 딸이 아버지의 영향으로 똑같이 폭력을 저지르는 남성을 만난다고 생각했다. 그들이 애정 결핍이 있거나, 자존감이 낮아서 연인이나 배우자가 폭력을 행사해도 헤어지지 못한다고 생각했다.

  폭력에 대한 온갖 사례를 듣게 될 기회가 있어도 내 일은 절대로 아니라고 여겼다. 나는 평범한 가정에서 평범하게 자랐고 우울증은커녕 매사에 긍정적으로 대응하는 편이었다. 혹시 이상한 사람을 만날지라도 단호하게 벗어날 수 있으리라고 믿어 의심치 않았다.

  하지만 직접 피해 당사자가 되고 보니, 내 생각이 크게 잘못되었음을 깨달았다. 기존에 내가 가졌던 편견과 오해는 어디에서 온 것일까. 왜 우리 사회는 피해자에게도 폭력의 책임을 묻는 걸까. 나는 잘못한 것도 없는데 왜 피해 사실을 부끄러워하고 감추고 있는 걸까.

  대답을 찾기 위해 여러 책을 읽고 전문가의 강의를 찾아 들었다. 그 과정에서 내 안의 잘못된 성 고정관념을 마주하게 되었다. 그전까지 인식하지 못했던 가부장제 문화가 눈앞에 보이기 시작했다. 우리 사회가 가해자와 피해자를 양산하고 있다는 것을 깨닫게 되었다. 내 개인의 책임이 아니라는 것을 알았다. 비로소 진심으로 나 자신을 긍정하고 위로해줄 수 있었다.

이 글을 쓰고 있는 지금 내 심리상태는 꽤 괜찮은 편이다. 일상으로 돌아와, 할 일을 하고 지인들과 어울리며 잘 생활하고 있다. 이제 그를 생각해도 눈물이 나지 않고 덤덤하다.

이따금 당시의 상황이 떠올라 분노가 치솟을 때가 있지만 날이 갈수록 그를 떠올리지 않는 시간이 길어지고 있다. 더 이상 울적하지 않다. 짧은 욕을 내뱉으며 그 순간을 넘길 수 있다.

나아가 지금은 감사한 마음으로 생활하고 있다. 내가 도움을 받은 여성단체를 후원하고, 여성폭력에 반대하는 목소리를 내는 데 동참할 수 있어서 감사하다. 사람이 참 간사한 게, 아파봐야 아픈 사람이 눈에 들어온다고 이전에는 폭력으로 고통받는 이들을 보지 못했다. 이제 내가 알지 못하고, 보지 못했던 사람들이 보인다. 데이트폭력, 성폭력 등 여성폭력에 관한 기사를 보며 내 일처럼 분노하고 아파한다.

그들의 아픔에 공감하고 같이 울어줄 수 있으니 다행이다. 내게 아무 일도 일어나지 않았더라면, 지금도 나는 무엇이 잘못된 줄도 모르고, 피해자를 탓하는 문화에 동참하고 있었을 것이다. 생각만 해도 끔찍하다.

성관계에서 동의에 관하여

 드라마에서 남자주인공들은 보통 어떤 모습인가? 한때, '나쁜 남자'가 유행했던 시절이 있었다. 자기 멋대로지만, 여자주인공을 좋아한다는 이유로 남자주인공의 자리를 차지하고 시청자들의 환심을 샀다. 한 드라마의 남자주인공은 달리는 차 안에서 내려달라는 여자주인공의 말을 무시하며 "나랑 사귈래 나랑 죽을래!"를 '박력 있게' 외친다. 여성이 싫다고 표현해도, 남성이 꾸준히 애정을 전달함으로써 사랑을 얻어내는 것이 낭만이라고 말한다. 여자주인공은 초반에는 이런 남자주인공과 갈등을 겪지만, 나중에는 그에게 매력을 느끼고 그 끈질긴 사랑에 감동한다.

 이뿐인가. 남녀주인공의 스킨십은 남성의 '강압적인' 면이 '사랑'으로 포장되는 대표적인 장면이다. 남자주인공이 여자주인공을 벽에 밀치고 거칠게 키스하는 것을 매력적이라고 포장한다. '벽치기'라는 말이 등장했을 정도다. 여자주인공이 거부해도 스킨십을 강행하는 장면 또한 심심찮게 볼 수 있다. 이런 드라마는 여자주인공의 'NO'를, 좋은데 튕기는 것이며 실은 'YES'라고 포장한다. 이러한 드라마에서 여자주인공의 역할은 무엇일까? 여자주인공의 몸의 주인은 자신이지만, 남자주인공이 주인 행세를 하고 있다.

'성적 자기 결정권'이란 상황이나 타인에 의해 강요받지 않으면서, 자신의 의지나 판단에 따라 성적 행동을 결정하고 선택할 권리를 말한다. 이 사람을 만날지 말지, 스킨십을 할지 말지 결정하는 것은 나 자신이다. 우리 사회는 이 당연한 것을 제대로 가르치지 않는다. 성교육 시간에 임신과 출산에 대해서는 가르치지만 '연인과 건강한 성적 관계를 형성하고 유지하는 법', '상대의 성적 자기 결정권을 존중하며 내 의사를 표현하고 소통하는 법'에 관한 교육은 하지 않는다. 또래 집단 안에서는 술을 마시면서 분위기를 잡으라거나, '해도 되냐'고 묻지 말고 자연스럽게 하라는 등 오히려 성적 자기 결정권을 위배하는 잘못된 정보가 교환되고 있다.

나 또한 순결과 금욕에 기초한 보수적인 성교육을 받고 자랐다. 당연히 연인과 맺는 성적 관계가 어떠해야 하는지 제대로 알지 못했다. 그가 요구하는 성적 행동이 당황스러워 이를 거부하면서도 연인 사이니까 사회에서 배운 대로, 그가 내 몸을 주장하는 것을 당연하다 여겼다. 그 또한 자신의 행동이 잘못되었다고 인식하지 못했다. 동의를 구했지만 형식적이었으며 내가 싫다고 해도 이를 전혀 진지하게 받아들이지 않았다. 여성의 '부끄러움'으로 해석하고 '괜찮다'며 강행했다. 그의 행동에 문제를 제기하거나 우울해하면 사과하기는커녕 도리어 화를 냈다. 그가 애초에 나의 자기 결정권을 존중하면서 동의를 구한 것이었을까?

밀레나 포포바는 『성적 동의』(마티, 2020)라는 책에서 다음과 같은 지침을 소개한다. "섹스를 제안하고 싶은 사람에게, 그리고 한참 섹스를 하는 중이더라도 그 상대방에게 정말로 (계속하길) 원하는지 분명히 확인할 것, 명백히 관심 없어 보이는 상대방을 괴롭히지 말 것, 자기 몸에 손대는 것을 원치 않는 사람에게는 절대로 손대지 말 것, 내가 원하는 것이 무엇이든 상대방도 그것을 원하는지 확인할 것, 권력을 행사할 수 있는 지위를 이용해 상대방에게 동의를 강요하지 말 것" 등이다. 성적 동의를 구하는 행동은 상대를 성적 자기 결정권을 가진 주체로 존중하는 가장 기본적인 과정이다.

성적 행동을 제안한 사람은 상대방이 거절했을 때 받아들일 준비가 되어 있어야 한다. 또한 상대방이 자유롭게 대답할 수 있는 환경을 조성해야 한다. 거절할 수 없는 분위기로 몰거나 재촉하지 말고 편안한 상태에서 상대방이 충분히 생각할 수 있도록 해야 한다. 상대방이 싫다고 답하면 그만 물어야지, 여러 번 반복해서 요구해서는 안 된다. 성적 행동을 좋아하다가도 싫어지는 감정이 생길 수 있다는 것을 인정하고 받아들일 수 있어야 한다. 내 감정과 느낌이 소중한 만큼 상대의 상태를 충분히 고려하고 배려해야 한다. 제안받은 상대방이 내 반응을 걱정해 감정을 감추거나 왜곡한다면, 이는 진정한 동의라 할 수 없다.

그는 '동의'에 대한 오해와 착각에 빠져 있었다. 내가 심하게 화를 내며 거절하지 않으면, 스킨십을 할 마음이 있는 거라고 해석했다. 스킨십을 하는 도중에 '싫다'거나 '그만하자'는 말을 무시했다. 한번 했던 스킨십은 다음에 따로 동의를 구하지 않아도 된다고 생각했다. 내가 스킨십을 거절하면 이를 자신을 덜 사랑하기 때문이라고 해석했다.

'어제 내가 오빠한테 피임도구 없이는 안 된다고 계속 말했잖아요. 왜 그랬나 싶은데 누굴 원망하겠어요. 휩쓸린 내 탓이지.'

이는 앞에서 밝혔던 마지막 날 그에게 보낸 메시지의 일부이다. 그는 그날도 장시간의 폭력으로 날 굴복시킨 상태에서 성관계를 강요했다. 나는 건강상의 문제로 피임약을 복용하지 않고 있었기 때문에 콘돔 없이는 절대 안 된다고 울며 사정했다. 그가 너무나 싫고 무섭고 헤어지고 싶어 죽겠는데, 일말의 가능성이라도 피하고 싶었다. 임신이 될까 두려웠다. 그러자 그는 삽입하지 않고 시늉만 하겠다고 했다. 나 때문에 화가 나서 이렇게라도 풀지 않으면 안 된다고 이것도 못 해주냐며 압박했다. 나는 뭐든 어서 끝내고 집으로 도망치고 싶었다. 알겠다고 고개를 끄덕였다. 하지만 그는 약속을 지키지 않았다.

전에는 그와의 관계에서 떠오르는 수치심을 내 책임이라고 생각했다. 내가 마지막에 고개를 끄덕였으니 내 탓이라 자책했다. 그의 요구를 끝까지 거절하고 좀 더 단호하게 말했어야 했다고 후회했다. 하지만 '성적 동의' 개념을 알게 된 이후에는 죄책감에서 자유로워졌.

'차 한잔 마실래?'라는 제안에는 평이하게 '싫어'라고만 말해도 거절이 되지만, 왜 스킨십은 화를 내며 거절하지 않는 이상 제대로 된 거절이 되지 못할까? 싫다는 사람이 괜찮다고 번복할 때까지 여러 번 묻거나, 거절하면 나쁜 사람으로 만들어 억지로 받아낸 동의가 진짜 동의라 할 수 있나? 그게 강요가 아니면 무엇인가? 책임은 제대로 된 동의를 구하지 않은 그에게 있었다.

이제는 건강한 관계를 맺기 위해 내가 변해야 할 지점을 고민해본다. 주체성은 자신이 원하지 않는 걸 거절하는 것을 넘어서, 원하는 걸 솔직하게 말하는 데까지 이른다고 한다. 상대가 제안한 신체 접촉을 내가 원하지 않는다면 (상대에게 미안함을 느끼지 않고) 당당하게 거절하는 사람, 나의 좋은 느낌과 싫은 느낌에 대해 잘 알고 언제나 나의 감정이나 느낌을 말로 표현할 수 있는 사람, 자신의 욕구를 이해하고 이를 긍정하는 사람, 그런 사람이 되고 싶다.

폭력을

사랑으로 견딘
이들에게

흔히 사람들은 여성폭력 피해자들이 '학습된 무기력'에 빠져 폭력에서 벗어나지 못한다고 생각한다. 하지만 여성폭력을 연구한 페미니스트들은 무기력은 피해의 결과이지 원인이 아니라고 지적한다. 피해 여성이 폭력을 벗어나지 못하는 이유는 '학습된 무기력' 때문이 아니라 '학습된 희망' 때문이라는 것이다. 파트너의 폭력이 사소한 것이며 언젠가는 나아질 거란 희망이 폭력을 견디게 한다.♥

나 또한 그가 나아질 거란 '희망'으로 그를 고쳐보고자 노력했다. 한 순간도 무기력하게 있지 않았다. 다양한 방법을 시도했다. 하지만 갈수록 폭력은 심해졌다. 어느 순간, 그에 대한 희망을 버렸다. 절망했다. 내가 아무리 노력해봤자 그를 바꿀 수 없었다. 그제야 그에게서 벗어날 결심이 들었다.

♥ 정희진, 「눈 가리는 희망, 마주 보는 절망」, 《한겨레》, 2006년 4월 2일 자.

당신 탓이 아니다

> "너는 친절하고, 똑똑하고, 소중한 사람이야."
>
> 이는 영화 〈헬프〉에서 에이블린이 한 말이다. 에이블린은 보모로, 자신이 맡은 아이를 정성껏 돌본다. 정작 아이의 부모는 아이를 귀찮아하며 혼내기 일쑤다. 아이가 엄마에게 혼날 때마다, 에이블린은 아이와 눈을 맞추고 말한다. 너는 친절하고, 똑똑하고, 중요한 사람이라고. 절대로 잊어선 안 된다고.

당신이 지금 당신을 괴롭히는 연인과 관계를 지속하고 있는지 벗어났는지는 모르겠지만, 내가 하고 싶은 말은 동일하다. 그의 폭력은 당신 탓이 아니다. 당신이 실수한 게 있다면 그를 용서하고 받아준 것밖에 없다. 어쩌면 당신은 단지 남들보다 더 착하고 공감 능력이 뛰어났을 뿐이다.

설사 당신이 그에게 잘못한 것이 있다 할지라도 마찬가지다. 당신의 어떠한 잘못도 폭력의 이유가 될 수 없다. 그가 지적한 당신의 단점 때문에 다른 사람들과도 다툰 적이 있었는가? 그들도 당신에게 폭력을 썼는가? 다른 사람하고는 문제되지 않았던 일이 그와는 싸움이 되는가? 문제의 원인은 당신이 아니라 그에게 있다.

그는 싸울 때마다 당신 탓을 했을 것이다. 내 경우도 그랬다. 그는 자기가 일방적으로 잘못을 했을 때조차 '손바닥도 마주쳐야 소리가 난다'며 내 책임을 물었다. 자신에게 유리하게 대화를 왜곡시켰다. 항상 내가 사과해야 싸움이 끝났다. 그는 내게 온갖 모욕적인 말과 욕설을 내뱉었으면서도 내가 그에게 사소한 말

실수라도 하면 하루 종일 괴롭혔다. 그에게 '전화할게'라고 말하지 않고 '전화해줄게'라고 말했다고 화를 낸 적도 있다. 내가 그보다 우위에 있고 자신이 매달리는 것 같은 형국 아니냐며. 다른 사람과는 이런 일로 한 번도 싸워본 적이 없었다.

그가 지적한 행동을 하지 않았으면 그가 화를 내지 않았을까? 아니, 그는 또 다른 구실을 찾아냈을 것이다. 손바닥은 마주쳐야만 소리가 나는 것은 아니다. 일방적으로 때려도 소리가 난다. 나는 단지 그 자리에 있었을 뿐이다.

그는 당신이 만만하기 때문에 화를 낸 것뿐이다. 그는 비겁한 사람이다. 당신이 그를 이해하고 용서하려는 심리에 기대 당신을 함부로 대한다. 자신의 피해의식을 당신에게 투영한다. 자신의 알량한 자존심을 세우기 위해 당신을 깎아내린다.

아마도 그는 당신 앞에서 불쌍한 척을 했을 것이다. 자신의 불우한 과거나 불행한 사건을 말하며 당신의 동정심을 자극했을 것이다. 당신은 어쩌면 그 말에 그를 더 품어주려 했을 수도 있다. 하지만 불행을 겪은 모든 사람이 폭력을 쓰는 것은 아니다. 그는 상처를 핑계로 당신이 그의 폭력을 받아주면서 동시에 그를 사랑해주기를 바란다.

애지욕기생愛之欲基生이란 말이 있다. 『논어』에서 쓰인 말로 '사랑이란 그 사람을 살아가게끔 하는 것'이란 뜻이다. 상대를 세상에 더 살고 싶게 만드는 것, 그것이 사랑이다. 연인이란 서로를 존중하며 서로의 성장을 위해 함께하는 존재이지, 한쪽이 다른 쪽을 일방적으로 착취하는 관계가 아니다. 그와의 만남이 고통스럽다면 그것은 사랑이 아닐 수도 있다. 그가 말하는 '사랑'이 아니라 당신의 내면의 목소리에 귀를 기울이길 바란다.

당신의 삶에 괴로움을 주는 이에게서 떠나자. 당신의 친절을 이용하고 함부로 대하는 이의 곁에 있을 이유가 없다. 그는 당신의 사랑을 받을 자격이 없다. 그는 당신의 사랑이 값지다는 것을 모른다.

폭력에서 벗어나지 못한 것이 당신의 순진함이나 우유부단함 때문이라고 자책하지 말았으면 좋겠다. 문제는 당신의 친절한 행동이 아니다. 문제는 이를 이용한 사람이다. 그 때문에 당신의 성품을 원망할 필요는 없다. 당신은 친절하고, 똑똑하고, 소중한 사람이다. 이를 이용하려는 사람들을 끊어내고, 당신의 친절을 친절로 갚는 사람들과 함께하면 된다. 당신에게 평안함을 주는 이들과 함께하기에도 시간은 짧다.

+++++
내 주변에 피해자가 있다면?

사람들은 나에게 온전히 공감해주는 '한 사람'만 있으면 산다고 한다. 나의 그 '한 사람'은 한 여성단체 활동가였다. 그 선생님에게 처음으로 꽁꽁 감추어둔 이야기를 털어놓았다. 다시는 반복할 수 없을 정도로 모든 것을 담아, 그를 만난 시작부터 끝까지, 그와 있었던 사건과 그때의 감정을 모두 쏟아냈다.

선생님은 같이 아파하고 분노해주었다. 내 고통을 알아보고 다독여주었다. 처음 만난 사람이었지만 그 어떤 인연보다 소중했다.

부모님이나 친구에게는 피해 사실을 말할 수 없었다. 그와 만날 때는 물론이고 헤어진 이후에도 마찬가지였다. 부모님에게는 걱정을 끼치고 싶지 않았다. 그의 폭력으로 제일 괴로웠던 순간에도 집에서는 아무렇지 않은 척 행동했다. '기운이 없어 보인다'는 말을 들으면 직장

핑계를 댔다. 누구나 생각할 수 있는 힘든 일을 둘러댔다. 방에서 조용히 숨죽이고 울었다.

지인들에게는 그에 대해 말하긴 했지만 자세하게 말하지 않았다. 그가 내게 욕설을 내뱉고 폭력적인 행동을 한다고 말할 수 없었다. 입이 떨어지지 않았다. '다혈질'이라는 한 단어로 뭉뚱그렸다.

그는 누가 들어도, 만나선 안 될 사람이었다. 그럼에도 내가 그런 사람과 만나고 있는 이 상황을 설명할 수 없었다. 나를 한심하게 쳐다보거나 이상하게 볼까 봐 겁이 났다. 불쌍한 시선을 받고 싶지도 않았다. 어떤 판단도 듣고 싶지 않았다.

그렇다고 말을 하고 싶지 않았던 건 아니다. 누군가에게는 속 시원히 털어놓고 싶었다. 헤어지고 싶은데 그러지 못하고 있다고, 그가 화나면 소리를 지르고 나를 나쁜 사람으로 만든다고, 그래서 너무 괴롭다고 말하고 싶었다. 그러면 이 답답하고 무거운 마음이 조금이라도 가벼워질 것 같았다. 홀로 감당하기 너무 힘들었다.

주위에 데이트폭력을 당하고 있는 사람이 있으면 어떤 도움을 줄 수 있을까? '이렇게 해야 한다'라고 말하기 조심스럽다. 사람의 성향이나 처한 상황이 각각 다를 것이기 때문이다.

피해자의 성격에 따라, 가해자와 만난 기간에 따라, 가해 정도에 따라 외부 개입이 필요한 정도가 다르다. 물론 피해자가 폭력을 분명히 인지하고 있고 폭력 상황이 심각하다면 바로 신고하도록 도와주는 것이 최선이겠지만, 그렇지 않다면, 이렇게 말해주면 좋을 것 같다.

첫째, 데이트폭력은 누구나 겪을 수 있는 일이다. 피해자는 자신이 겪은 일이 누구나 당할 수 있는 일반적인 사건이라는 것을 알지 못한다. 그렇기에 이를 수치스러워하고 숨기고 싶어 한다. 자신의 탓으로 돌린다. 그러나 시험에서 0점을 받은 것이 부끄럽더라도 0점을 받은 사람들이 나 말고도 많다는 걸 알게 되면 굳이 숨길 필요는 없는 법이다. 사람에 따라 피해당한 정도와 유형만 다를 뿐 데이트폭력은 여성 두 명 중 한 명이 겪을 정도로 만연한 일이다.

둘째, 그 연인의 행동은 폭력이다. 피해자는 가해자와 유대관계가 쌓였기에 폭력을 폭력이라 인식하기 힘들다. 그의 폭력을 '격렬한 사랑', '질투'로 인식하고 있을 수도 있다. 그가 당신이 친구 만나는 걸 싫어하고, 만날 때마다 스킨십을 요구하고, 화가 나면 언성이 높아지는 것 모두 폭력의 일종이다. 이런 사소해 보이는 행동들이 심각하게 변화하는 건 순식간이다.

'그 사람 이상하다.'

내가 몇몇 지인들한테 그에 대해 말했을 때 들은 말이다. 이렇게만 말하면 피해자는 자신이 가해자의 행동을 고칠 수 있으며 이것이 폭력은 아니라고 생각하게 될 수 있다. '그건 데이트폭력이다'라고 명확히 말해주는 것이 좋다. 당장은 받아들이지 못할지라도, 나중에 그 스스로 데이트폭력에 대해 찾아보며 이 관계가 잘못되었음을 깨닫게 될 수도 있다.

마지막으로, 피해자에게 당신은 소중한 사람이고 행복하기를 바란다고 말해주었으면 좋겠다.

'넌 참 소중한 사람이야', '네가 행복했으면 좋겠어'.

단순한 한마디가 때로는 어떤 전문가의 말보다 위력을 발휘하기도 한다. 폭력을 벗어날 결심을 하고 도움을 요청하는 건 결국 당사자의 몫이다. 이는 가해자의 가스라이팅을 무시할 만큼 피해자의 내면이 단단해질 때 가능하다. 설사 내가 어떤 잘못을 했을지라도 폭력을 당해서는 안 된다는 것을, 나는 소중한 존재이고 행복할 권리가 있다는 것을 인지하는 순간, 그의 실체가 보인다.

(만약, 피해자가 당신에게 털어놓기를 꺼린다면, 상담이나 도움을 요청할 수 있는 기관을 소개해주거나 여성폭력에 관한 책을 선물해주는 것을 추천한다.)

데이트폭력에 대해 공부하자

> 지금 여성들은 수천 년 동안 '여자라서' 당연히 해왔던 노동을 거부하고, 너무도 오랫동안 당해왔던 여성에 대한 폭력에 저항하고 있다. 폭력을 당하는 것, 폭력에 순종하는 것, 맞으면서, 강간당하면서 가해자의 앞날을 걱정하고 보살피는 것. 이 모든 것은 일종의 여성의 성역할이었다.

그에게 폭력을 당하면서도 그의 앞날을 걱정하고 그를 위해주려 했다. 아마 그도 이런 내 마음을 알고 있었기에 내게 매달렸으리라. 그는 내게 끊임없이 폭력을 가했지만, 나는 그를 용서하고

♥ 정희진, 『페미니즘의 도전』, 교양인, 2015, 147쪽.

품어주어야 했다. 그것이 나의 역할이었다. 그는 내가 자신의 폭력을 받아주면서도 그를 사랑해주길 바랐다. 헤어지는 순간까지도 자신을 용서해주지 않은 나를 원망했다. 마지막으로 장문의 메시지를 보내고 그의 연락을 차단한 날, 그는 집 근처에 찾아와 편지를 쓰고 갔는데 편지에는 미안하다는 말 외에도 이런 문구가 적혀 있었다. '당신이 나를 더 사랑했으면 좋았을 텐데'.

리베카 솔닛의 『남자들은 자꾸 나를 가르치려 든다』에는 흥미로운 그리고 의미심장한 사건이 소개되어 있다. 대학 캠퍼스에서 많은 여학생들이 강간을 당하자 대학 측은 모든 여학생에게 해가 지면 밖에 나가지 말라고, 아니면 아예 나돌아다니지 말라고 일렀다. 건물 안에 있으라고 말했다. 그러자 웬 장난꾸러기들이 다른 처방법을 주장하는 포스터를 내붙였다. 해가 진 뒤에는 캠퍼스에서 남자를 몽땅 몰아내자는 처방이었다. 그것은 똑같은 논리의 해법이었지만, 남자들은 겨우 한 남자의 폭력 때문에 모든 남자더러 사라지라는, 이동과 참여의 자유를 포기하라는 말을 들은 데 대해 충격을 감추지 못했다고 한다. ♥

♥ 리베카 솔닛, 김명남 역, 『남자들은 자꾸 나를 가르치려든다』, 창비, 2015, 111쪽.

감탄스러웠다. 한 번도 이런 식으로 생각해본 적이 없었다. 피해자에게 책임을 돌리는 문화에 반기를 들지 못했다. 아니, 들어야겠다는 생각조차 하지 못했다.

데이트폭력, 여성폭력을 다룬 책을 읽으며 비로소 잘못된 문화가 보이기 시작했다. 내가 가지고 있는 생각, 내가 느끼는 감정, 내가 어떤 대상을 받아들이는 감수성, 심지어 내가 품고 있는 욕망까지 온전한 '나'의 것이 아니었다. 사회가 심은 가치관이었다.♥

되짚어보면 그와 한번 헤어졌는데도 2년 뒤에 다시 만난 것은 내가 데이트폭력에 대해 제대로 알지 못했기 때문인 것 같다. 그가 이상하다고만 생각했다. 그의 폭력성을 성격 문제로 취급했고 자신이 달라졌다는 그의 말을 믿었다. 화내지 않는 모습만 보고 그와 다시 시작해도 괜찮겠다고 생각했다. 그의 말이나 행동에서 은연중 드러나는 가치관이 바뀌지 않았는데도 이를 알아차리지 못했다. 나를 비롯한 여성의 얼굴과 몸에 대해 평가하고 나를 통제하려 했지만, 심각하게 생각하지 않았다. 이 모든 것이 그의 가부장적 사고방식을 보여주는 징후였는데 말이다.

♥ 김누리, 『우리의 불행은 당연하지 않습니다』, 해냄, 2020, 129쪽.

친밀한 관계에서 폭력을 당했다면, 무엇보다 데이트폭력에 대해 공부하기를 추천한다. 나는 데이트폭력에 대해 공부하면서 그와 나를 객관적으로 볼 수 있게 되었다. 그러면서 죄책감에서 벗어날 수 있었다.

'그는 왜 나한테 그렇게까지 했을까? 난 왜 폭력에서 벗어나지 못했을까?' 헤어지는 순간부터 줄기차게 머릿속을 맴돈 질문들이었다. 나에게서 눈을 들어 사회구조를 볼 때 비로소 답을 찾을 수 있었다. 문제의 본질이 보였다. 분노, 회한, 억울함 등 내 안에 솟구치는 감정이 어디를 향해야 할지 알게 되었다.

+++++ 도움이 되는 자료들

데이트폭력과 관련해 읽으면 좋을 유익한 자료들이 최근에 많이 나왔다. 내가 아직 읽어보지 못한 책들도 많지만 우선 여성폭력 개론서 및 데이트폭력에 국한해 내가 도움을 받았던 자료 중 몇 가지를 아래에 추려보았다. 그 외 여기에 추천하지는 않았지만, 페미니즘 관련 도서들도 많은 도움을 줄 것이다.

■ **여성폭력 개론서**

『아주 친밀한 폭력』

정희진 저, 교양인, 2016

아내폭력 피해자와 가해자들을 면담하고 쓴 책. 친밀한 폭력의 본질을 꿰뚫는 작가의 통찰력이 돋보인다.

『그것은 썸도 데이트도 섹스도 아니다』

로빈 월쇼 저, 한국성폭력상담소 부설연구소 울림 역, 미디어일다, 2015

친밀한 관계에 의한 강간, '아는 사람'에 의한 성폭력을 다룬 책. 미국의 1982년 대학생들을 상대로 한 설문조사를 분석했지만, 오늘날의 한국과 크게 다르지 않다. 친밀한 관계에서 느끼는 성적 불쾌감으로 괴로워하는 사람에게 추천한다.

『성적 동의』

밀레나 포포바 저, 함현주 역, 마티, 2020

친밀한 관계에서 성적 동의는 어떻게 이루어져야 하는지 알려주는 책. 저자는 성폭력이 왜 발생하는지, 왜 성폭력의 판단 기준은 강요나 협박이 아니라 '동의 여부'가 되어야 하는지 자세히 설명한다.

■ 여성폭력 당사자 이야기

『그 일은 전혀 사소하지 않습니다』

한국여성의전화 엮음, 오월의봄, 2017

한국여성의전화 '쉼터'로 탈출한 여덟 명의 가정폭력 피해 여성들이 직접 기록한 책. 데이트폭력과 가정폭력은 그 본질이 유사하다. 피해 여성들의 이야기를 듣다 보면 용기가 생긴다.

『눈물도 빛을 만나면 반짝인다』

김영서 저, 이매진, 2020 개정판

친족 성폭력 생존자가 쓴 치유 일기. 처음엔 차마 읽을 엄두가 나지 않았으나 저자가 담담히 서술해서 다행히 어렵지 않게 읽을 수 있었다. 2012년 필명으로 출판되었던 책이 본명을 달고 개정되어 나왔다. '생존자'라는 말을 맨 처음 누가 썼는지 몰라도 아주 적절한 표현이다.

『김지은입니다』

김지은 저, 봄알람, 2020

왜 김지은 씨가 겪은 일이 권력형 성범죄인지를 명확히 보여주는 책. 지금도 존재하는 피해자를 향한 위증과 비방을 생각하면 작가가 살아서 목소리를 내주는 것에 감사할 따름이다.

『다 이아리』

이아리 저, 시드앤피드, 2019

데이트폭력을 당한 저자가 자신의 이야기를 만화로 표현한 책. 만화 형식이라 단숨에 읽게 된다. 데이트폭력은 누구나 겪을 수 있는 일이기 때문에 제목을 '다 이아리'로 지었다고 한다.

『7층』

오사 게렌발 글·그림, 강희진 역, 우리나비, 2014

스웨덴의 만화가 오사 게렌발이 자전적 이야기를 담아 기록한 그래픽 노블로, 데이트폭력 피해자와 가해자의 심리 묘사가 뛰어나다. 폭력이 인간의 삶을 어떻게 무너뜨리게 되는지 현실감 있게 보여준다.

■ 그 외

『그것은 사랑이 아니다』

로빈 스턴 저, 신준영 역, 알에이치코리아, 2018

가스라이팅이란 개념을 최초로 정립한 책. 정서적 학대인 가스라이팅이 어떻게 일어나는지, 단계별로 자세하게 설명한다. 자꾸 상대에게 끌려가는 것 같다면 꼭 읽어보기를 추천한다.

『남자들은 자꾸 나를 가르치려 든다』
리베카 솔닛 저, 김명남 역, 창비, 2015

신조어 '맨스플레인'의 발단이 된 책. 저자는 책을 통해 여성을 침묵하게 만드는 사회구조를 분석한다. 책에 열거된 다양한 여성혐오와 폭력을 읽다 보면 데이트폭력도 여성에 대한 폭력의 일환임을 알게 된다.

■ 데이트폭력을 다룬 자료집과 영상

[자료집 PDF]
한국여성의전화 홈페이지 탑재 「F 언니의 두 번째 상담실」

데이트폭력에 대해 A부터 Z까지 피해자에게 필요한 자료를 모아놓은 자료집. 도서관이나 서점에 가지 않아도 인터넷으로 바로 볼 수 있으니 꼭 찾아서 읽어보자.

[방송]

KBS 2TV 추적 60분 〈악마가 된 연인-데이트폭력〉

2018년 5월 2일 방영

우리나라에서 왜 데이트폭력이 계속되고 있는지 보여주는 방송. 실제 데이트폭력 사례를 통해 가해자와 피해자의 심리를 분석한다.

증거를 수집하고
도움을 요청하자

처음부터 증거를 수집할 생각으로 그와의 통화를 녹음한 것은 아니었다. 나는 그와 다툴 때면 이를 복기하며 사건의 전말을 기록하곤 했다. 우리가 왜 자꾸 다투는지, 그가 왜 날 비난하는지 알고 싶었다. 무엇 때문에 그의 기분이 상했는지, 그래서 그가 나를 비난한 논리는 무엇인지 하나하나 써보았다. 그와 다투는 시간은 보통 반나절에 해당되는 시간이었기에 그 논리를 다 기억하지 못했다. 나는 정확히 하기 위해 통화 내용을 녹음하고 다시 들으며 받아적었다.

통화를 녹음했다는 사실이 마음에 걸려 그에게 통화를 녹음했다고 고백하고 이를 지우기도 했다. 하지만 시간이 지나고 그와 헤어져야겠다고 마음먹은 순간부터 다시 통화를 녹음하기 시작했다. 그가 화를 내고 욕을 하기 시작하면 녹음 버튼을 눌렀다. 그가 상담을 받을 땐 상담 선생님에게 들려주라고 녹음파일을 건네기도 했다. 그도 자신이 잘못했다고 판단해서 그러는지 왜 녹음했냐고 따지는 대신 '너도 살려고 하는 건데, 어쩌겠니, 내가 미안하다'라고 말한 기억이 난다.

현재 폭력 상황에 놓여 있다면 증거 수집은 필수이다. 혹은 벗어났더라도 마찬가지다. 당장은 신고할 생각이 없더라도 혹시 모를 일이다. 증거 수집은 자신을 보호하기 위한 최소한의 수단이다. 내 경우처럼 그가 다시 접근하는 것을 막을 수도 있다. 나는 그와 헤어지고 나서 문자 및 통화 내역, 녹음파일, 사건일지 등 내가 가진 모든 폭력의 증거를 수집했다. 컴퓨터 본체, 인터넷 드라이브, USB 세 군데에 나누어 보관하고 도움을 요청한 기관에도 전달했다.

아래의 내용은 한국여성의전화가 펴낸 「F 언니의 두 번째 상담실」에서 '데이트폭력을 겪고 있다면' 장의 '사법제도 이용하기' 편을 다시 정리한 것이다. ♥

1. 협박 메시지, 통화 내역 등을 지우지 말자.

협박이나 언어폭력이 담긴 메시지, 녹음파일 등을 백업해서 파일로 저장해두자. 혹시 지인에게 피해를 호소한 메시지가 있다면 이 또한 보관해놓자. 둘 간

♥ 한국여성의전화, 「F 언니의 두 번째 상담실」 67쪽.

의 대화 내용을 녹음하는 것은 불법이 아니다. 당신이 전화 받기를 원치 않는데 계속 전화를 걸었다면 이는 스토킹이니 통화 내역을 남겨두자.

2. 그가 CCTV가 있는 곳에서 폭력을 썼다면 영상을 확보해두자.

상황을 설명하고 시간을 특정하면 볼 수 있게 해준다. 차량 블랙박스, CCTV는 일정 시간이 지나면 삭제되니 빠른 시일 내에 영상을 확보해놓아야 한다.

3. 그의 폭력으로 몸에 상처를 입었다면, 사진을 찍어두고 병원에 가서 (상해)진단서를 발급받아 진료기록을 남겨두자.

사진은 상처 부위를 크게 찍은 한 장, 얼굴과 상처가 같이 나온 한 장이 필요하다. 그리고 병원에 가서 데이트폭력으로 생긴 상처임을 밝히고 (상해)진단서를 발급받아 진료기록이 남도록 하자. 만약 의료진이 상해진단서 발급에 협조적이지 않다면 다른 병원을 찾아가는 것을 추천한다.

4. 사건일지를 작성하자.

그동안 쓴 일기 등 자세히 기록해둔 게 있다면 모아두자. 혹시 써둔 게 없다면 최대한 기억이 나는 만큼 지금이라도 쓰면 된다. 상대방이 폭력(언어적·정서적·성적·신체적)을 행사한 날짜, 시간, 장소, 가해자의 행동, 상황 및 구체적인 내용을 육하원칙에 따라 기록해두자.

증거 수집 여부를 떠나서 피해자를 지원하는 기관(상담소)에 도움을 요청했으면 좋겠다. 사람마다 피해의 상황이 다르기 때문에 사건별로 접근할 수밖에 없다. 증거를 수집할 수 없는 상황에

놓인 피해자들도 분명 있을 것이다. 전문기관에서는 이미 수많은 피해 사례를 다룬 경험이 있어 가장 적합한 도움을 줄 수 있다. '이게 폭력인지 아닌지 모르겠어요' 하며 간단한 내용으로 전화해도 좋다. 기관에 도움을 요청한 사실 또한 나중에 법적 절차를 밟을 때 도움이 되니 꼭 연락하자.

혹시 기록이 남을까 걱정돼서 전화하지 못하는 경우도 있을 것이다. 기관에서, 전화하거나 방문한 사람의 정보를 다 수집하는 것은 아니다. 본인의 신분이나 이름을 밝히지 않아도 된다. 기록으로 남기는 건 정식으로 면담을 요청할 때 동의하에 진행되니 부담 없이 도움을 청하면 좋겠다.

(안전에 위협을 느낀다면, 즉각 112에 신고해야 한다.)

+++++
도 움 을
요청할 수 있는
기 관 들

도움을 요청할 수 있는 상담소

한국여성의전화 여성인권상담소

- 02-2263-6464~5
- 서울 은평구 진흥로16길 8-4
- 평일 오전 10시-오후 5시 (점심: 오후 1시-2시)
- 전화 상담을 통해 예약 후 면접상담
- 의료 및 법률지원 가능

한국성폭력상담소

- 02-338-5801~2
- 서울 마포구 성지1길 32-42
- 평일 오전 10시-오후 5시
- 의료 및 법률지원 가능
- 치유 회복 프로그램 및 쉼터 운영

한국여성민우회 성폭력상담소

- 02-335-1858
- 서울 마포구 월드컵로26길 39 3층
- 평일 오전 9시 30분-오후 5시
- 의료 및 법률지원 가능

장애여성공감 성폭력상담소

- 02-3013-1367
- 서울 강동구 올림픽로 664
- 평일 오전 10시-오후 6시
- 전화 및 면접상담
- 의료 및 법률지원 가능

서울 1366

- 02-1366
- 서울 구로구 가마산로 272 3층
- 365일 24시간 운영
- 쉼터 및 상담기관 연계

상담소에서는

상담소와 함께 피해로 인해 겪는 일상의 어려움, 신고 및 소송 진행과정에서 부딪히는 어려움, 사법제도 외적인 부분에서 겪는 어려움 등에 대해 이야기 나누고 현재 상황에서 내가 할 수 있는 가장 좋은 대처방법이 무엇인지 함께 고민할 수 있습니다.

상담소를 통해 의료비 지원, 법률상담 및 전문심리상담 연계 등 필요한 지원을 받을 수 있습니다.

❖ 지원 가능한 범위·내용·방법은 상담소마다 다를 수 있으니, 개별 상담소에 확인이 필요합니다.

출처: 한국여성의전화, 「F 언니의 두 번째 상담실: 데이트폭력 대응을 위한 안내서」, 2018

서울뿐 아니라 지역에도 같은 기관이 있으니 사는 지역에 있는 상담소에 찾아가는 것을 추천한다. 대면상담 등 도움을 받기 쉬울 뿐 아니라, 지역 의료기관과의 연결도 용이하다.

에필로그

또
다른 나,
우리

그에게서 벗어난 지 3개월쯤 되었을까, 상담 치료를 받고 있을 때였다. 대학 친구와 오랜만에 만났다. 몇 년간 못 본 사이에 그러하듯 자연스럽게 학창 시절 얘기가 나왔다. 친구는 뜻밖의 얘기를 꺼냈다.

"나 대학교 때 사귀었던 오빠 있잖아. 그 오빠하고 헤어지느라 힘들었잖아. 나하고 못 헤어진다고 매일같이 찾아오고 심지어 차에 억지로 태우고 못 내리게 했어."

"야, 그거 데이트폭력이야."

"나도 알아. 그땐 데이트폭력이라 생각하지도 못했지만 말이야……. 심지어 나만 그랬던 것도 아니더라. ○○도 전 남친이 자꾸 쫓아다녀서 밖에 나갈 때마다 내가 같이 다녔잖아."

나도 내 얘기를 꺼낼까 망설였지만, 차마 용기가 나지 않아서 입을 꾹 다물었다.

언론 기사를 통해, 때론 지인의 입을 통해 여전히 폭력을 겪으며 살아가거나, 또는 그 폭력에서 벗어난 이들을 접한다. 뉴스에 나오는 20대 여성, 대학 동기, 직장 동료의 지인……. 과거의 나를 떠올린다. 그들은 또 다른 나이다. 나의 경험과 그것을 되짚어 해석하는 과정들이, 친밀한 관계에서 고통을 겪고 있는 이에게 조금이라도 위로가 되었으면 좋겠다.

아무리 어두운 길이라도
나 이전에
누군가는 이 길을 지나갔을 것이고,

아무리 가파른 길이라도
나 이전에

누군가는 이 길을 통과했을 것이다.

아무도 걸어가 본 적이 없는
그런 길은 없다.

나의 어두운 시기가
비슷한 여행을 하는
모든 사랑하는 사람들에게
도움을 줄 수 있기를.

—베드로 시안, 「그런 길은 없다」 전문

♥ 류시화 엮음, 『지금 알고 있는 걸 그때도 알았더라면』(잠언시집), 열림원, 1998.